ANDALUSIEN

Inge und Arved von der Ropp

ANDALUSIEN

Spaniens maurischer Süden

Text von Rolf Blaeser

DuMont Buchverlag Köln

Zum Dank und Gedenken
an unseren Vater und Großvater Oskar Krapp
Inge und Arved von der Ropp

Alle Übertragungen aus dem Spanischen und Arabischen
von Rolf Blaeser

Reproduktion: Litho Köcher, Köln
Satz und Druck: Rasch, Bramsche
Buchbinderische Verarbeitung: Boss-Druck, Kleve

Printed in Germany ISBN 3-7701-1489-2

Inhalt

Al-Andalus

Im Silberglanz liegt die Alhambra,
Paläste weiß im Mondenschein,
nur leise rauschen noch die Brunnen,
und Myrtenduft hüllt alles ein.

Wie schön ist's auch am frühen Morgen
in strahlend helles Licht getaucht,
Fontänen sprühen Diamanten,
die Säulen schimmern golddurchhaucht.

Inge von der Ropp
(zu Abb. 38 und 37)

Einige Hinweise zur Aussprache arabischer Namen und Begriffe

Ṯ (Ṯā')	lautet wie englisches th in »thing«.
Ǧ (Ǧīm)	wird wie in deutsch »Dschungel« oder englisch »gentleman« gesprochen.
Ḥ (Ḥā')	bezeichnet ein scharfes, hinten in der Kehle gesprochenes h. Bei »Muḥammad« klingt bei richtiger Aussprache das »u« wie »o« (»Moḥammed«).
Ḏ (Ḏāl)	lautet wie stimmhaftes englisches »th« in »there«, »those«.
Š (Šīn)	wird wie deutsches »sch« in »schön«, »Schein« etc. gesprochen.
Ṣ (Ṣād)	bedeutet ein dumpfes, stimmloses »s«. Man spricht es richtig, indem man die Zunge hinter die oberen Schneidezähne gegen den harten Gaumen führt.
Ġ (Ġain)	schnarrender, nicht rollender r-Laut zwischen »g« und »r«.
' (Hamza)	drückt einen festen Stimmeinsatz vor Vokalen aus. So in »Eid«, »ach«, »ich« und »Ulf«.

Das Herz Andalusiens

Auch heute noch – nahezu 500 Jahre nachdem der letzte muslimische Herrscher die iberische Halbinsel verließ – ist Andalusien von der orientalischen Kultur jener Mauren geprägt, die es einst zu höchster Blüte geführt haben. Was aber diese Blüte erst möglich machte, war der tiefe Geist des Offenbarungsbuchs des Muḥammad ibn 'Abdallāh: des Koran.

Er lenkte jeden Schritt der muslimischen Eroberer, wo immer sie in die Geschichte eintraten: vom Ḥiǧāz, dem mittleren Westen der arabischen Halbinsel, über Syrien, den Irak, Aserbeidschan, Ḫūrāsān und Afghanistan bis ins Pandschab in Vorderindien, ja, selbst bis vor die Tore Chinas im Osten und im Westen über Ägypten, Ifrīqija (Tunesien, Algerien, das Maghreb) bis nach Spanien und an die Grenze des damals entstehenden Frankenreichs und nordwestlich über Syrien hinaus nach Byzanz und seine noch westlichere Provinz Sizilien.

Darum enthält dieses Buch beinah zwangsläufig koranische Textstellen, die in gebundener Reimform vorgetragen werden, um dadurch den Geist des Zusammengeführtseins der ›umma wahida min dūn an-nās‹, der ganzen Gemeinde der Gläubigen darzustellen, die sich von den Ungläubigen in der Anerkenntnis der einzigartigen Natur Allāhs unterscheidet und in dieser Unterscheidung ihre geradezu metaphysische Würde empfängt.

Der Koran als das ›Große Buch der Rezitation‹[1], der geheiligten Lesung des geoffenbarten Worts Gottes, ist eine der ganz großen literarischen Leistungen der Menschheitsgeschichte. Er fand – während des Aufstiegs einer Religion – gleichsam als ihr geistiges Leitwerk den Weg in die universitas generis humani, in die Herzen von Millionen ethnisch oft völlig unterschiedlicher Muslime. Muḥammad ibn 'Abdallāh – der ›Mohammed‹ – stand als Dichter in der beduinischen, vorislamischen Tradition des Hocharabischen. Er verfaßte sein Werk in Reimprosa, und nur dadurch gelang es ihm, die – nach christlicher Meinung – ›wenigen Themen‹, die den Kanon der Suren bestimmen, zu einer Richtschnur zu gestalten, die alle Bereiche des Lebens der Gläubigen erfaßt.

In der Verdichtung der Suren wurde das Walten des Schöpfergotts zur innigsten Harmonie mit dem ihm zugekehrten Geschöpf geführt. Es wurde in das Licht der Wirklichkeit des Seins des Menschen gestellt und enthüllt als die Kundgabe der einzigen und wahren Existenz im dinglich-räumlichen Dasein um den Menschen herum:

»Allmählich sah ich mich in einem hellen Bezirk, erkannte die Wurzeln der Religion, mein Herz fand Zuversicht, und ich erfaßte das Ziel unter dem Blickwinkel meiner Pflicht gegenüber der Gesellschaft ... Jene lichtvolle Welt, jener strahlende Bezirk, in den der Koran den Menschen führt, ist die Welt der Einheit: Einheit des göttlichen Wesens, der Macht, des Lebens, der ewigen Existenz des Schöpfers; Einheit der Ordnungen und Bindungen, der Gesetze der Welt; Einheit des Wollens; Einheit des Denkens und der Kräfte und des Willens des Menschen.

Die Wahrheit und das Geheimnis des Bezirkes und des Zieles, auf welches diese Helligkeit und Klarheit hinweisen, sind der Allgemeinheit verborgen. Die Bestimmungen, die Moral, die Gesellschaftslehre, die Beziehungen (der Menschen untereinander und zur Sphäre des Göttlichen) und die Erzählungen des Korans sind ganz und gar vom Lichte der Einheit durchdrungen und eingehüllt.«[2]

Was der iranisch-schi'itische Geistliche Saijid Maḥmūd Taliquānī 1955 über die von Allāh und seinem Willen, seiner Allbarmherzigkeit gelenkte Welt sagt, drückt aber bereits die erste Sure aus:

Im Namen Gottes, des barmherzigen und gnädigen.
Lob sei Gott, dem Herrn der Menschen aller Welt,
dem Allbarmherzigen, der gnadenvoll
am Tage des Gerichts sein Urteil fällt.
Dir dienen wir; Hilfe erbitten wir von dir.
Und führe uns den rechten Weg; den Weg,
den du für die bestimmt,
die deine Gnade reich beschenkt,
und nicht den Weg, den jene gehn,
die deinem Zorn verfall'n und die der Irrtum lenkt.

Melodisch, in je zwei Verse bindenden Reimen, postuliert sie schlicht die Größe des einzigen Gottes in einer Ausschließlichkeit, die keinen Einwand duldet. Nur den beschenkt die göttliche Gnade mit dem gerechten Paradies, der glaubt, daß Gott ›einer‹ ist, unteilbar, über jedes Geschöpf der Schöpfung erhaben, Herr der in einem einzigen Schöpfungsakt geschaffenen Welt, die er in seiner unergründlichen Souveränität unter seinen Willen stellte.

Dieses Wissen – geoffenbart in den Weisungen des Koran – beherrschte die Herzen der Muslime, als sie mit Wort und Schwert die Gott allein zustehende Welt eroberten. Es brannte genauso in den des Arabischen noch nicht ganz mächtigen, neubekehrten Berbern wie in den Führern der arabisch-beduinischen, der jemenitischen und syrisch-umajjadischen Aristokratie. Sie waren es, die unter Ṭāriq ibn Zijād, dem Klienten, dem Freigelassenen des Mūsā ibn Nusair, bei dem Berg, der seither Ṭariqs Namen – Gibraltar – trägt, spanischen Boden betraten. Es war am 5. Rağab des Jahres 93 H, nach christlichen Quellen war es Donnerstag der 28. April 711.

Doch nicht nur der ›rechte Weg‹, wie ihn der Prophet in der Eröffnungssure befohlen hatte, wird sie bewegt haben, als sie, die bergige Küstenlandschaft im Rücken, die andalusische Gartenwelt erblickten, die ihnen wie ein irdisches Paradies erscheinen mußte: so reich, so überquellend in ihrer sonnenübergossenen, vielgestaltigen Flora, in der der Duft sie zu berauschen schien. Hatte nicht auch der Prophet einst im Duft des Reinsten seine Offenbarungen empfangen? Die Sinne der Krieger wurden gelöst; die Musik der Reimverse, etwa auch der dritten Sure, klang in ihnen und wurde – ante paradisum – in der heiteren Sinnenhaftigkeit Andalusiens für sie Wirklichkeit:

Gar herrlich scheint's dem Menschen,
zu begehr'n, was er gern hat:
so Frau'n und Söhne, Silber, Gold,
Pferd, Vieh und reiche Saat.
Doch alles das dient diesem Leben nur
und ist schon bald, zu bald vertan.
Bei Gott im Jenseits harrt dereinst
die schön're Einkehr dann.

Sagt, soll ich künden euch davon derweil?
Die Gott gehorchen, ihnen wird zuteil
der schönsten Gärten ew'ger Aufenthalt,
durch deren Gründe Bäche fließen rein und kalt,
und reine Gattinnen sind ihnen beigesellt,
und Gottes Wohlgefallen sie in Freuden hält.[3]

Natürlich sind nach des Propheten Wort die Güter dieser Erde flüchtig, eitel, ohne jede Dauer, und diese Erkenntnis erfüllte auch die frommen, eroberungswilligen Muslime. Doch hatte Gott – so verstanden sie es – seine Gnadenfülle auch im Glück des Genießens der vergänglichen Schönheit dargereicht. Und diese fanden sie im Andalus, dessen Vorzüge sie nicht genug preisen konnten: »Andalusien«, so drückte es stellvertretend für viele andere Abu 'Ubaid al-Bakrī im 11. Jahrhundert aus, »gleicht Syrien in seiner Heiterkeit und durchsichtigen Reinheit seiner Luft, dem Jemen wegen seiner weichen und immer gleichen Temperatur, Indien wegen seiner starkwürzigen Düfte, Ahwāz wegen seines Reichtums, China wegen seiner edlen Steine und Aden wegen der köstlichen Güter seiner Küsten.«[4]

Doch sie alle, die da in dieses Land kamen, waren – gleich ob Berber oder Araber, ob aus dem mekkanischen Ḥiǧāz, aus Syrien, Ägypten oder der Sahara – geprägt von einer keimhaften nomadischen Lebensverwandtschaft, der von ihrem bluthaften Erbe her auch die längst verstädterten Mekkaner, Medinenser und Ta'ifiten, die Leute aus Damaskus, Bagdad, Kūfa und Basra, aus Sāmarrā, Edessa, Isfahān, Samarkand, Buḫāra, schließlich aus Fustāt, Alexandria, Kairuan, Tunis, Tlemcen, Fez oder Rabat angehörten.

Es war das ein Erbe, das – unabhängig von der oftmals kleinvölkischen Eigenart – die berberischen Berg- und Wüstennomaden ebenso wie die berberischen ›Ursiedler‹, die nomadischen Turkvölker und die Stämme aus der ägyptischen oder palestinensischen Wüste nach Lebensart und Lebensgefühl miteinander verband, mag das Blut dabei auch seine je eigene Sprache gesprochen haben.

Der in Andalusien, allgemein auf der iberischen Halbinsel für mehr als 800 Jahre in die Geschichte eintretende Mensch war – von seinem ethnischen Ursprung her betrachtet – zumal was seine religiösen, soldatischen und kulturellen Führer aus den Reihen oder im Gefolge der Umajjaden anbelangte – Beduine. Unvergleichlich schön hat ihn der große niederländische Arabist Reinhart Dozy beschrieben. Und wenn seine Sicht hinsichtlich der Haltung des Beduinen gegenüber der Architektur und der plastisch-figürlichen Kunst, die ja noch eingehend zu behandeln sein wird, auch mit manchen Vorbehalten bedacht werden muß, so ist seine Zeichnung der ihm so nahe vertrauten Menschen aus der arabischen, syrischen und afrikanischen Wüste doch so konturenscharf und wesenstief, daß man in dieser Darstellung darauf ebensowenig verzichten konnte, wie er selbst in seiner berühmten »Geschichte der Musulmanen in Spanien bis zur Eroberung Andalusiens durch die Almoraviden«[5] einführend und aus der weiten Kenntnis der ethnologisch-kultursoziologischen Verflechtungen des Problems heraus darauf hat Verzicht leisten wollen.

Er schreibt: »In seinem Stolz betrachtet sich der Beduine als das vollkommenste Wesen der Schöpfung. Er verachtet die anderen, weil sie ihm nicht gleichen, und er schätzt sich unendlich viel glücklicher als es der ›zivilisierte‹ Mensch je zu sein vermöchte. Jede Lebensform hat ihre Unannehmlichkeiten und ihre Vorzüge, jedoch läßt sich der Stolz der Beduinen ohne Mühe erklären. Nicht von philosophischen Prinzipien, aber, um es einmal so zu sagen, von seinem Instinkt geleitet, haben sie von allem Anfang an die große und edle Devise der Französischen Revolution verwirklicht: Freiheit, Gleichheit, Brüderlichkeit.

Der Beduine ist der freieste Mensch der Erde. ›Ich anerkenne keinen anderen Herrn als den des Weltalls‹, sagt er. Die Freiheit, derer er sich erfreut, ist so groß, so grenzenlos, daß mit ihr verglichen unsere liberalsten Doktrinen nichts anderes zu sein scheinen als Gesetze des Despotismus. In unseren Gesellschaften ist eine Regierung ein notwendiges Übel, unerläßlich, ein Übel, das die Bedingung des Guten ist: die Beduinen bleiben davon unberührt.«[6]

Und wenn es auch wahr sei, fährt Dozy fort, daß jeder Stamm seinen Führer habe, so sei dieser allerdings nichts anderes als der Erste unter den Besten an Großherzigkeit, allgemeiner Tüchtigkeit, Mut, Klugheit und – wenn möglich – der Gabe der Rede und Poesie. Die Gleichheit des Beduinen sei die des ›etat de nature‹, des wahren und reinen Naturzustandes, und dieser, das wisse er, sei indessen nichts anderes als eine Abstraktion. Unter sich seien die Beduinen bis zu einem gewissen Grade gleich, darüber hinaus aber besäßen ihre Gleichheitsgrundsätze keine Allgemeingültigkeit, ließen sie sich nie und nimmer universell erfassen oder gar übertragen.

»Sie fühlen sich überlegen, und das nicht allein gegenüber ihren Sklaven und Handwerkern, die sich in ihren Lagern ihr Brot verdienen, sondern gegenüber allen Menschen anderer Herkunft. Sie erheben so Anspruch darauf, aus einer ›anderen Lemone gepreßt‹ zu sein als jede andere menschliche Kreatur. Auf diese Weise verstehen sie die gesellschaftlichen Unterschiede, und wenn der Beduine Reichtum für nichts erachtet, ihm keinerlei Bedeutung beimißt, so haben Großzügigkeit, Gastfreundschaft, Mut, Entscheidungskraft, die Gabe der Poesie und der freien Rede für ihn einen umso größeren Lebenswert«.[7]

Zwei Klassen bilden so die Menschheit stets;
die niedere sich wendet güterwärts.
Die großen Seelen zeichnet ewig aus
der Ruhm des Gebens, schlicht das off'ne Herz.

Diese bedeutungsschweren Verse, die ihrem Wesen nach in der islamischen Kultur eine so aufschlußreiche Rolle spielen sollten, hatte Ḥātim, wie Abu 'l-Farağ al-Isbahānī in seinem »Kitāb al-Aġānī« bezeugt, seiner Frau Māwiya gegenüber in einem Gedicht geäußert, als er von ihr verschmäht worden war.[8]

»Die Edlen der Wüste, die ›Könige der Araber‹, so sagte einmal der Kalif 'Umar, das sind die Redner und die Dichter; das sind all die, welche die beduinischen Tugenden verwirklichen. Die Nichtedlen dagegen sind die nichtswürdigen, erbärmlichen Menschen, die diese Tugenden nicht kennen und sie daher auch nicht leben können.«[9]

So haben die Beduinen schließlich weder Privilegien noch Titel gekannt, wenn man als einen solchen nicht den Beinamen ›der Vollkommene‹ – kāmil – gelten lassen will, den man ursprünglich dem verlieh, der zu dem Talent der

Poesie Wagemut, Liberalität, Kenntnis der Schrift besaß und das Schwimmen und Bogenschießen beherrschte, um so, als Meister seiner selbst, seine Individualität gegenüber seinem Stamm, seiner Sippe, seiner Familie zu betonen und zu behaupten.

»Der ursprüngliche – ererbte – Adel, der, wohlverstanden, große Verpflichtungen auferlegte und den Generationen, den einen wie den anderen gemeinsam war, bestand auch bei den Beduinen . . . Vor dem Islam betrachtete man dann einen Mann als von höchstem Adel, wenn er selbst Stammesoberhaupt war und dessen Vater, Großvater und Urgroßvater das gleiche Amt ausgeübt hatten. Nichts natürlicher als das: Da man nämlich den Titel des Stammesoberhauptes dem Besten zuerkannte, vermochte man sich beglaubigt zu wähnen, daß damit die beduinischen Tugenden in einer Familie weitervererbt würden, die durch vier Generationen hindurch den Stamm geführt hatte.«[10]

Der auffälligste Wesenszug des Beduinismus zeigte sich in der Brüderlichkeit der umma Muhammaddijja, denn in der hingebenden Liebe und im Gehorsam vor Gott sind alle Beduinen Brüder: Stammesbrüder, Brüder des Bluts und seiner rätselhaften Gestaltungskraft für den einzelnen, für die Gemeinschaft und für alle, die zu ihr gehören und denen sie ›kai moira‹ Sein, Existenz, schlechthin Leben bedeutet.

»Das ist die Art, in der der Beduine Freiheit, Gleichheit und Brüderlichkeit versteht . . . Der Gedanke auf Fortschritt, bis zum Überdruß von Kathedern und Kanzeln verkündet; das ist die fundamentale Basis moderner Gesellschaften. Spricht man aber ständig von Veränderungen, von Verbesserungen, wenn man sich unter ganz normalen Umständen befindet, wenn man, mit einem Wort, glücklich ist?

Immer nur dem Glück nachzujagen, ohne es je zu finden; heute das zu zerstören, was wir gestern errichtet haben; von Illusion zu Illusion zu schreiten und von Enttäuschung zu Enttäuschung: so enden wir schließlich darin, an der Welt zu verzweifeln, und wir rufen uns in Augenblicken der Zerschlagenheit und Schwäche zu, daß der Mensch – schließlich – eine andere Bestimmung als die der Staaten hat, und wir seufzen nach den unbekannten Gütern einer unsichtbaren Welt . . .

Ganz ruhig-gelassen und fest, kennt der Beduine solche schwächlichen und krankhaften Sehnsüchte nach einer besseren Zukunft nicht. Sein heiterer, ausgreifender, sorgloser Geist, wolkenlos wie sein Himmel, versteht unsere Sorgen nicht, hat kein Verständnis für unsere Leiden, unsere verirrten – und irrenden – Hoffnungen.

Von unserem Gesichtskreis her, mit unserem grenzenlosen Ausgreifen des Gedankens, in den Wünschen und Sehnsüchten, in der fortdauernden Bewegung und Bewegtheit der Imagination, erscheint uns dieses stille, gelassene Leben der Wüste durch sein Gleichmaß, seine offenbare Gleichförmigkeit untragbar, unerträglich, und wir bevorzugen ihm gegenüber unsere beständige Übertreibung, unsere Kümmernisse, unsere Leiden, unsere verstörten Gesellschaften und unsere Zivilisation, die sich um all die Lebensgüter müht, die die Beduinen in ihrer unerschütterlichen Heiterkeit und Gelassenheit besitzen.«[11]

Das resultiere, so folgert Dozy, daraus, daß der Araber alles andere außer der Gabe zur Imagination besitze. Er habe ungestümeres Blut als wir, werde von heftigeren Leidenschaften bewegt, doch sei er zugleich der erfindungsärmste Mensch der Welt. Will man ihm aber vorurteilslos gerecht werden, dann bedeutet das nicht, daß sein Gedanke sich nicht aus dem Gleichmaß, aus der geistig schlichten Gelassenheit und Lässigkeit erheben könnte, um sich schließlich in sich selbst zu verlieren. Denn dieser Gedanke bindet sich immer an das Wirkliche, das ohne Spekulation Einsichtige, an die Klarheit und Wahrheit des Gegenwärtigen.

Er ruht, wie der Mensch, der unter einem wolkenlosen Himmel seine Heimstatt hat, in sich, und seine scheinbar verschlungensten Wege führen aus einer selbstverständlichen Mitte zu eben dieser Mitte zurück, mit der bindenden Logik einer geistigen ›Zwingung‹, die der ›Erörterung‹ nicht bedarf, weil sie, in das Ich unerschütterlich eingebunden, ›Ort‹ ist, Standort, Lebensgrund, randvoll erfülltes Dasein, wo wir nur Leere erkennen und unbestimmte Wagnisse und Träume aus uns zur Erfüllung drängen möchten.

Das In-sich-Ruhen, das Mit-sich-im-Reinen-Sein kennzeichnet die menschlich-geistige Ebene, auf der sich der Beduine seit Jahrtausenden bewegt, und in der er zu einer Lebensform fand, die uns verschlossen bleibt, so lange uns die Invention, die unermüdliche, unendlich umtreibt; mehr aber noch, weil uns der Boden, die tellurischen Kräfte unserer Erde nicht so zu binden vermögen, uns nicht so in sich einzuschmelzen vermochten, wie das die Wüste mit ihren geduldigen Bewohnern von jeher getan hat.

Die Wüste ist voller Leben; sie vibriert, sie schwingt, sie klingt; eine beständige Ondulation scheint die Luft über ihr wie das goldgelbe Meer innerhalb ihres geradezu grenzenlosen Eingegrenztseins zu erfüllen, und das Licht wechselt in ihr den Tageszeiten entsprechend in vielfachen bunten Stufen und Brechungen immerfort, das äußere wie das innere Auge sättigend befriedend.

In ihrem Außer-sich-Sein dringt diese Welt in das Innere des beduinischen Menschen, und die fromme Verinnerlichung des Islams, dieser schlichten, der Realität anheimgestellten monotheistischen Religion kam ihm, der aus der Wüste einmal hinausuferte, um ihr in der Erinnerung immer neu zu begegnen, entgegen. Sie, in der sich einige Züge, einige Zeremonien aus dem Judaismus und dem alten Heidentum miteinander verbanden, ist widerspruchslos von allen positiven Religionen die einfachste, aller Mysterien am meisten entkleidete: die vernunftgemäßeste, rationalste und reinste, ja in beduinischem Verständnis die innerlichste, aus ihrer reinen Einsehbarkeit hervorleuchtende.

Daß also diese offensichtliche und ethnisch so unmittelbar sich äußernde Verinnerlichung dennoch – in scheinbarer Selbstaufgabe – sich in die historisch klar zu analysierende machtvolle ›äußerliche‹ Tat im ›ǧihād‹, dem heiligen Krieg, entband, versteht man nur, wenn man anerkennt, daß der muslimische Beduine, der Araber schlechthin, im Koran seine eigene Lebensrichtschnur für den vergänglichen Wandel auf seinem Lebenspfad als den allgemeingültigen Weg der ›Rechtleitung‹ entgegennahm. Damit trat er, wenngleich zeitlich sehr eng begrenzt, aus sich und seiner Welt des individuell freien Sich-Verinnerns heraus.

Seine Tat, die die gesamte abendländische Geschichte – und nicht nur sie – so schwer erschütterte und tiefgreifend veränderte, ist schließlich auf diese Weise doch nichts anderes als eine dem Beduinismus inhärente Doktrin einer Weltschau, die der mekkanische Prophet ihm anbefohlen hatte, damit er sie als den einzigen rechten Weg zur Erkenntnis und Allgegenwärtigkeit Allāhs universal verkündet.

»Alles Äußere: Krieg, Wirtschaft, Politik, staatliche Pflichten und Sittlichkeit zog der Moslemin nach seiner Kraft in sein Inneres; es sollte zur Sicherheit, Stärke und der Pflege seines Innenlebens dienen. Das Mittel dazu war die Form; das Wie wurde wichtiger als das Was. Die Religion diente wahrhaft zur Bindung des einzelnen an den Nächsten und an die rätselvolle Göttlichkeit . . .

›An jedes Menschen Hals ist sein Schicksal befestigt‹, sagt er und ist Fatalist, von einer wunderbaren Ergebenheit in sein Schicksal . . . Durch die Erfüllung der magischen Formen ist er außerordentlich einsichtig und umsichtig, ist er stets wach; stets ›hell‹, wehrt er sich gegen das Finstere, wodurch die Dämonen herrschen.

Seine Spannungen bestehen in der Furcht, nicht genügend einsichtig und ›hell‹ das Äußere, alle Werke, alle Handlungen, alle Formen auf sein Inneres zu beziehen und in sein Inneres einzubeziehen.«[12]

Diesem Lebensgefühl, das dem abendländischen Christen so fremd war, und den aus ihm resultierenden Taten und Werken begegnen wir in seinen schönsten und nachhaltigsten Zeugnissen wieder, die es der Nachwelt auf andalusischem Boden hinterlassen hat.

Das Schwert war jedoch nur der verlängerte, vollstreckende Arm des heiligen Worts, wo dieses nicht aus sich heraus seine göttliche Wirkung zu tun vermochte. Diese Wirkung aber ging nicht zuletzt auch von der Verheißung aus, die – irdischen Wünschen und Begierden entsprungen – auf die unendlich reine Vollendung im Paradies wies:

Nur wer Gott fürchtet, lebt dereinst
im Glück, in Gärten voller Pracht;
denn frei von Schmerz und Höllenbrand
hat sie der Herr gemacht.
Er sagt: »So eßt, so trinkt, genießet froh,
was ihr empfangt zum Lohn
für das, was ihr verrichtet habt
auf Erden Gutes schon.«
Auf weichen Ruhebetten still
sind sie gebettet dort;

mit großen Augen lieben sie
die Huris immerfort.
Dort sehen sie, die gläubig war'n,
auch ihre Enkel neu.
Das mehret ihre Werke reich,
die sie vollendet treu.
Ein jeder steht für das je ein,
was er verrichtet hat
auf Erden; dort im Jenseits gibt
es Fleisch und Früchte satt.
Und Wein reicht man in Bechern rund,
der niemals trunken macht;
und Knaben dienen ihnen frei,
als sei'n sie Perlen sacht.
Sie schau'n sich fragend an und seh'n,
nie droht mehr das Gericht.
Es ängstigt sie, wie es einst war,
das Höllenfeuer nicht.
Gott schenkte ihnen Gnade all,
bewahret sie vor Leid;
einst beteten sie zu ihm laut:
Jetzt sind sie ganz befreit.[13]

Diese Koranverse machen deutlich, wie wenig der muslimisch-beduinische Geist bereit war, ein grenzenloses Unbestimmtes, ein ›Ideal‹ im griechisch-abendländischen Sinn in sich aufzunehmen und als ›erreichbar‹ anzuerkennen.

»Die Sehnsucht nach dem Grenzenlosen, nach dem Ideal, ist den Beduinen unbekannt, und das, was seit den frühesten Zeiten in ihren Augen das meiste bedeutete, ist die Sinngenauigkeit und Eleganz des Ausdrucks; das ist die formale Seite der Poesie.«[14]

Doch man kann nicht einerseits das Fehlen einer Perspektive in den bildhaften Dekors der Moscheen – etwa in Jerusalem, Damaskus oder Córdoba – auf diese Basis übertragen und andererseits das Vorhandensein einer unerhört preziösen und minutiös vorgetragenen ›Phantasie‹ als Beweis gegen die beduinische Grundlage dieser Bauwerke erheben.

Denn diese ›Phantasie‹ hat doch gar nichts Sich-Verlierendes, Unbegrenztes, Ausschweifendes. Sie existiert nicht durch die Erfindung, sondern durch die aus sich selbst sich entfaltende Gesetzmäßigkeit des Naheliegenden. Die der Sinnenwelt entwachsende Wirklichkeit trägt ihr Siegel und hat es ihren edelsten Schöpfungen in Syrien, im Maghreb, in Andalusien aufgeprägt.

Das Perspektivische indessen, das – im Sinn einer unbegrenzten Dauer – das Plastisch-Konkrete eines Bildes zur Gestalt erhebt, widerspricht dem Wort des Propheten: denn alles Diesseitige ist doch flüchtig, es geht vorüber wie ein Windhauch, der durch die Blätter eines Baumes weht, und der sich wieder verliert in dem großen Gleichmaß eines Seins, das aus sich keinen Wandel, keinen ›Ausbruch‹ hervortreibt.

»So existieren zwischen den Arabern und uns grundsätzliche Unterschiede. So mag es denn sein, daß in ihrem Wesen mehr Adel, mehr Geistesgröße, mehr wirkliche Seelentiefe und ein lebendiges Gefühl für menschliche Würde ist; doch sie tragen in sich nicht den Keim der Entwicklung, des Fortschritts, und mit ihrem leidenschaftlichen Hang zur persönlichen Unabhängigkeit, mit ihrem absoluten Mangel an politischem Geist, scheinen sie nicht in der Lage zu sein, sich den Gesetzen der Allgemeinheit zu beugen.

Und doch taten sie es; von einem Propheten aus ihren Wüsten gezwungen und von ihm zur Eroberung der Welt gedrängt, haben sie ihm mit dröhnenden Taten gehorcht; bereichert mit der Beute von zwanzig Provinzen, haben sie die Freuden des Wohllebens erfahren; in der Folge ihres Kontaktes mit den überwundenen Völkern haben sie die Wissenschaften bereichert und sind auf diese Weise, so weit es ihnen möglich war, zivilisiert worden. Dennoch: selbst nach Muḥammad mußte eine lange Zeit vergehen, bis sie ihr Wesen verloren.«[15]

Verloren? Es blieb trotz aller Ansprüche des neuen Heimatbodens an seine neuen Menschen im Grunde beduinisch. Als sie jedoch 711 Spanien betraten, »waren sie noch die wahren Söhne der Wüste, und es lag in der Natur der Dinge, daß sie an den Ufern des Tajo oder des Guadalquivir nicht vergaßen, den Kampf Stamm gegen Stamm, Sippe gegen Sippe weiterzuführen, der in Arabien, in Syrien, in Afrika begonnen hatte.«[16]

In diesem Beginn aber ruhte bereits der Keim ihres Schicksals, das sich 800 Jahre später so tragisch erfüllte. Ihr Herz und ihr Geist waren dem neuen Boden untertan geworden, doch ihr weit in der Vorzeit gewachsenes Wesen hatte in ihm nie endgültig Wurzel geschlagen. Was sie Andalusien aber hinterließen war ein Wunder, das die Zeiten überdauert hat wie das Land, das ihnen einst als irdisches Paradies erschienen war und das ihre Dichter immer neu, immer gleich warm und liebend besungen hatten.

Spaniens Herz schlägt seither in Andalusien; durch seine Herzkammern aber fließt – wenn auch vielfach vermischt, so doch unaufhörlich – bis in unsere Tage hinein beduinisch-maurisches Blut. Vieles zeugt von seiner zeitlosen Lebensfülle: die Menschen, ihre Kunst, ihre Dichtung, ihre Städte, Gärten und Ströme, ja selbst ihre Sprache:

O Andalusier, welch Glück ward euch zuteil,
daß euch das Meer, das weite, rings umspült;
daß ihr den Schatten habt, der Flüsse reines Gut
und eure Wünsche unter Bäumen fühlt!

Der Garten ewiger Glückseligkeit
ist euer stilles Sonneneiland hier,
und könnte ich je wählen, nun, so wählt ich gern
als letzte Bleibe eure Erde mir.

O glaubet nicht, die Hölle könnte doch
euch morgen allerletzte Heimstatt sein;
denn durch das Paradies, des Himmels Gartenreich,
tritt niemals man in Höllengründe ein.[17]

Ist es ein Wunder, daß der Merinidensultan Abū 'Inān Fāris diese Verse von Ibn Ḫafāğa, des Dichters aus Alcira, da man sie ihm vortrug, als von Häresie beherrscht betrachtete? Doch der Andalusier, der sie stolz vor ihm deklamiert

hatte, konnte sich – so wird berichtet – mit einem ḥadīṯ entschuldigen. Es lautet: »Das Paradies ist der Schattenschild des Schwertes!«[18]

Hier hören wir nicht mehr die Sprache des glaubens- und gesetzlosen ›Wüstenheiden‹, der »in seinem Herzen nicht das geringste Fünkchen religiösen Empfindens« trägt. Hier spricht nicht mehr der ›Shāsou‹, wie die Ägypter den Vorfahren des Beduinen genannt hatten, der, »wie es sein Name sagt, ein ewig auf der Suche nach Beute umherschweifender Räuber ist, halb Brigant, halb Patriarch, der seine Scharen über die Grenzen der kultivierten Länder hinausführt; ständig bereit, das wie ein Raubtier zu ergreifen, was der Zufall seinen Händen zuspielt: heute hier, morgen anderswo; immer darauf bedacht, wieder in die Wüste, wohin ihn sein Wurzeltrieb drängt, zurückzukehren, die aggressive Lauer in bedachtsame Wachsamkeit zu wandeln, um dort aufs neue das herumirrende Leben, aus dem er gekommen war, zu leben.«[19]

Der kennzeichnendste Zug des Shāsou, der in einem einzigartigen Eroberungszug unter dem Banner der Umajjadenkalifen in das Innere der iberischen Halbinsel vordrang, war seine Anpassungsfähigkeit. Sie war mehr als die Gabe, sich in neue, notwendige Gegebenheiten zu fügen: Sie befähigte ihn, wenn es sein mußte, sich diesen Gegebenheiten bis zur Selbstaufgabe vertrauensvoll anheimzugeben.

Anpassung verlangt immer – und zumal da, wo sie sich als schöpferisch erweisen soll – die Gabe des Einfühlens, des Nachspürenkönnens vorgegebener, vielleicht gar dem eigenen Denken entgegengesetzter Gedanken und Denkweisen. Doch zugleich ist sie eine Gnade, die immer wieder neu empfunden werden mag. Wo aber der Glaube in seiner intuitiven und idealen Unantastbarkeit der spekulativen Philosophie begegnete – den Pythagoräern, Platon, Aristoteles, Plotin, den Neuplatonikern – da bestätigte diese Begegnung früher oder später die Glaubenswahrheiten, die der Islam den Muslimen darbot, in ihrer vollkommenen Unversehrtheit und existenziellen Notwendigkeit.

Seit den Umajjaden vollzog sich die geistige Entwicklung – sofern man von einer solchen überhaupt sprechen kann – des Islam als universalem Offenbarungsglauben in diesem Spannungsverhältnis: hier ›ḏikr‹ das gläubige ›Erinnern‹ des Menschen an die ferne, einsame Transzendenz und an den unwandelbaren Willen der lauteren Souveränität Allāhs, dort ›ilm‹, das der Vernunft entsprechende Wissen, das dem ›freien‹ Erkenntnisstreben entgegenkommt.

Unter der Gnade der Anpassung aber und mit der Gabe, sie ihrem Geist entsprechend den Erfordernissen ›anzuwandeln‹, entwickelten die Eroberer Iberiens eine Kultur, die – unverwechselbar über 800 Jahre hinweg – dem Land, in dem sie zur äußersten Entfaltung kam, ihr Siegel aufdrückte. Der Shāsou, der Beduine, der die Goldene Moschee in Córdoba, den Alcázar in Sevilla, die Alhambra und den Generalife in Granada errichtete, der Toledo zu einem orientalischen Juwel des iberischen Mittelraumes ›schliff‹, der heute noch seinen warmen und unverfälschten Glanz verstrahlt, der daneben eine vielfältige, an feinsten Nuancen reiche Dichtung in die Literaturgeschichte der Welt pflanzte und der die Arabeske zu einer dekorativen Höhe führte, die in der ganzen Kunstgeschichte nichts ihr an Wesen und Geist Vergleichbares hat; dieser Shāsou, der einen Ibn Rušd (Averroës), einen Ibn al-Ḫaṭīb, einen Aben Guzmān aus der Wiege hob, kann doch nicht der gleiche sein, »dem das Studium der Farben und Formen gleichgültig« war, weil es in ihm nichts als ein seinem Empfinden, seinen Werten gegenüber geradezu entgegengesetztes Verstehen auslöste.[20]

»Wo die Umstände ihn zwangen Architekt zu sein, vermochte er nichts anderes, als sich die Materialien zu seinen Bauwerken aus griechischen und byzantinischen Tempeln zu holen, um die Ordnung, aus der sie genommen sind, umzukehren. Ist es eine Säule aus einem alten Sakralbau? Er pflanzt das Kapitell in die Erde, die Basis an die Stelle des Kapitells in der Weise, daß die Entasis nach oben weist. Dieses Beispiel steht für tausend andere! Woher diese Art, sein Denken so weit von unserer eigenen Denkweise zu bewegen? Um dort hindurchzudringen, müßte man Schritt für Schritt die Phasen zergliedern, die die arabische Seele durchlaufen hat, um dem Trugbild, das sich da ganz plötzlich eröffnete, Gestalt zu verleihen; doch diese Seele ist nicht die unserer eigenen Art. Dunkel und verworren entgleitet sie teilweise unserer Analyse, und ihre Winkel und Weiten bleiben uns oft genug verschlossen.«[21]

Die künstlerische Unfähigkeit des Semiten, so fährt Gayet, der diese Feststellungen in seinem 1893 veröffentlichten Werk »Die arabische Kunst« traf, fort, sie sei bereits Ibn Ḫaldūn aufgefallen, der denn auch klar konstatiert habe: »Wenn sich ein Staat aus Beduinen gründet, braucht er Menschen anderer Länder, um zu bauen«, denn konstruktiv-architektonisches Denken sei dem Araber selbst nicht gegeben.

Das sei denn auch der Grund dafür, daß die Kalifen (in Damaskus wie in Bagdad und Córdoba) zum Errichten ihrer Monumente Baumeister und Bauleute der Völker beschäftigt hätten, die sie nach und nach unterwarfen: Kopten aus Ägypten, Perser aus Ktesiphon, Griechen aus Byzanz, Syrer und Libyer von der levantinischen Küste oder aus Afrika. Alle hätten sie etwas von dem Geist und Wesen ihres eigenen Volkes in die herrscherlichen Bauten der Nomaden eingebracht.

»Die Kopten genierten sich nicht, die Moschee getreu nach dem Vorbild ihrer eigenen Kirche zu errichten, und sie spielten von allem Anfang an eine hervorragende Rolle in der muslimischen Kunst. Kaum anders verhielt sich der Islam in Syrien und Ägypten.«[22]

Doch dann trifft der französische Historiker eine Feststellung von großer Tragweite, die genau das zum Ausdruck bringt, was diesem Buch als Grundgedanke unterliegt. Daß nämlich die maurische Kunst von dort ihren Ausgang nahm, wo sich bis zu den letzten Tagen des Kalifats der geistige Mittelpunkt, der kulturelle Herzraum der religiösen Bewegung des Muḥammad Ibn 'Abdallāh befand, von Andalusien:

»Eine orientalische Religion ohnegleichen, konnte der Islam Asien bis nach Indien, Afrika vom Osten bis zum Westen unterwerfen; die Prinzipien, aus denen sich das eine wie das andere herleiteten, entsprangen unverändert einer gemeinsamen Quelle, nämlich der Richtung, die sich gleich zu Beginn im Herzen des arabischen Reiches bildete.«[23]

Wäre Gayet diesem Gedanken folgerichtig nachgegangen, hätte er sich daran gemacht, die beduinische Seele aus all den Vorurteilen zu befreien, die einem notwendig ein Gefühl der Fremdheit, des Ungewissen, des kulturellen Hochmuts aufnötigen, dann hätte er umweglos zu der Ansicht gelangen müssen, daß diese Seele so dunkel und verworren gar nicht ist.

»Um eine Kultur zu verstehen«, sagt Titus Burckhardt, »muß man sie lieben, und das kann man nur um der immer und überall gültigen Werte willen, die sie in sich trägt. Diese Werte aber sind im Grunde dieselben in allen wahren Kulturen, die nicht nur der körperlosen Wohlfahrt dienen, sondern den ganzen Menschen betreffen mit seiner Verankerung im Ewigen, ohne die das Leben keinen Sinn hat.«[24]

Es mag zunächst widersinnig erscheinen, was Ibn Ḫaldūn (1332–1406) recht früh und sehr klar erkannte: daß nämlich diese ›Verankerung im Ewigen‹ im Islam und seinen kulturellen Zeugnissen zu einer Kategorie wurde, die im Spannungsfeld zwischen dem Nomadisch-Beduinischen und dem Beduinisch-Städtischen lag. Sie war ihr geistiger Ruhepunkt, ihre transzendental-geometrische Mitte, von der sich, wie von einem gleichmäßig hell strahlenden Stern aus, die irdischen Werte ins Sphärische entfalteten.

Nur vor diesem Hintergrund versteht man die augenfälligen Widersprüche in Ibn Ḫaldūns »Muqaddima« (begonnen 1377), der Einleitung zu seinem weltberühmten »Buch der Beispiele«. Er – in Tunis geboren, doch aus einem spanisch-arabischen Geschlecht stammend – spricht dort einmal davon, daß die Natur der beduinischen Lebensweise die Verneinung des Bauens beinhalte, obwohl sie dennoch letztendlich die Grundlage der städtischen Kultur sei (II, 25). Und an anderer Stelle (II, 3) schreibt er, daß nichts anderes als das Nomadentum Ursprung und Grundlage der Städte sei – jenes Nomadentum, das den Willen und Wunsch zur Seßhaftigkeit wie ein widerspruchsfreies Diktum in sich trage.

Noch einmal: Nur aus einem tief in der Natur angelegten Gefühl der Verbundenheit mit dem Ewigen heraus, welches das irdische Hier im paradiesischen Dort über alles Vergehen hinaus zur endgültigen Dauer führt, vermag der Mensch Stätten zu schaffen und Werte zu ›gründen‹, die alles Zeitbestimmte aufheben, ja, aufgeben aus dem Bewußtsein heraus, daß auch da, wo sich das Maß im Unendlichen verliert und das Einzelne in seiner zeitlichen ›Erscheinung‹ verlöscht, ein ›logos spermatikos‹, eine schaffend-fortzeugende Vernunft – Allāh – dieses Maß, dieses Einzelne hält und erhält.

Dieses Wissen, das der Islam mit den anderen Offenbarungsreligionen teilt, gab ihm die Kraft, sich in tausenden von Werken über die beduinische Wüste hinaus ›auszuteilen‹: In Werken höchster Sprachkunst und Steinbearbeitung, in Farbe und Schrift, am edelsten jedoch in Einem, das alle umfaßt. Und nirgends entwickelten sich diese Werke – aus einem Aspekt der menschlichen Seele heraus, die dem beduinischen Shāsou ebenso dunkel erscheinen mochte, wie nach Gayet die arabische Seele der europäischen – unvergleichlicher und eigener als in Andalusien, dem Afrika, dem Asien, dem Orient Europas.

In der erdhaften Vereinigung des Arabischen und des Europäischen, in ihrer kulturellen Ehe entwuchs der Verschiedenheit die bedeutsame Einheit, der es bestimmt war, im Andalus erhalten zu bleiben. Hier wurde die prophetische Verheißung vorweggenommen, von der die dreizehnte Sure des Koran spricht. Sie zeigt den erhabensten, vielleicht nie deutlich genug gesehenen Zug der maurischen Kunst, die in Córdoba ihren Anfang nahm, sich in Sevilla, Málaga, Toledo, ja in Zaragoza entfaltete, um schließlich in Granada ihre prächtig ›veräußerte‹ und zugleich innerlichste Vollendung zu finden:

Gott ist es, der die Himmel ohne Stützen sich erbaut,
emporhob und vom Thron her lenkt die Welt.
Die Sonne und den Mond
hat er den Menschen beigestellt.
Jedes von ihnen läuft
so seine Zeit in seiner rechten Bahn;
den Logos lenkt vom Throne er
und sagt die Kunde an.
So seid denn überzeugt,
daß ihr den Herrn einst seht.
Er ist es, der die Erde ausgesät,
wie einen Teppich ausgefaltet hat,
und fest die Berge und die Flüsse sich
erschuf an ihrer Statt.
Von allen Früchten hat er je ein Paar gemacht,
und über jeden Tag hinbreitet er die Nacht.
Das sind gewiß die sichren Zeichen dann
für einen jeden, der da denken kann.
Der Erde Länderei'n schuf er auf manche Art;
in Gärten hat er Wein mit Wein gepaart.
Getreide gibt's auf ihr,
Palmen einstämmig
und mit Doppelschaft
aus einer Wurzel nur;
er hebt das gleiche Wasser
in den gleichen Saft.
Doch bringen manche bess'ren Fruchtertrag:
was, wer Verstand besitzt, verstehen mag.[25]

Diese Verse vor Augen gilt es jetzt, den Geist für die andalusische Landschaft, die andalusische Geschichte, wo sie wesentlich maurisch ist, die andalusische Kunst und Dichtung zu öffnen. Das aber macht es, so wird man bald verstehen, notwendig, rasch noch einen Gedanken vertiefend zu erörtern, der leider allzu lange in der historischen Wissenschaft verschüttet war und erst in jüngerer Zeit wieder, wenn auch zu Unrecht im Zusammenhang mit der Geopolitik, wieder entdeckt wurde: den der anthropogeographischen Verflochtenheit aller hohen oder auch niederen Kulturleistungen, wie ihn Friedrich Ratzel (1844–1904) und in seinem Gefolge Hans F. Helmolt (1865–1929) entwickelt haben.

Er ist wie kaum ein anderer geeignet, Licht in das vermeintliche Dunkel des islamisch-beduinischen Erfolgs in Iberien zu bringen, der auf die ›Furcht vor dem Schwert‹ (mahāfat as-ṣaif) den Segen des Glaubens (īmān) folgen ließ, jenen Segen, der in den großen Kunstwundern aufging, die die Gestalter dieses Buchs in poetisch einfühlsamer Weise einzufangen verstanden.

Ratzel und Helmolt vermochten es, die Geschichte des Menschen als im tiefsten von seinem Lebensraum her bedingt zu schreiben. Und auf diese Weise konnten sie auch auf die schwerwiegenden Unterschiede im Leben und Werden, im Sein und Wesen der Völker hinweisen, die nicht selten oder gar immer durch das Hineingeboren-Sein in einen bestimmten Raum, in eine ›gewordene‹ Landschaft bestimmt werden. Dieser ›Zufall‹ ist es, der die Völker dann ›mit Notwendigkeit‹ – auch die moderne Biologie kennt diesen Zusammenhang[26] – in eine klar umgrenzte Entwicklungsrichtung (wenn man so will: deterministisch) drängt, ja, zwängt.

Welche eindeutige historische Sicht aus diesem geographisch-philosophischen Phänomen gewonnen werden kann, das zeigt die folgende Darstellung, die auch der Verfasser dieses Texts als ›Rechtleitung‹ des eigenen Denkens annimmt. Es ist gewiß kein Zufall, daß diese ›Schau der Dinge‹ – besonders in arabistisch-islamkundlichen Studien unserer Tage – ein ebenso weites wie tiefes Echo gefunden hat[27], dessen Wirkung überall dort sichtbar wird, wo es gilt, von vereinzelten, oft mit Vorurteilen belasteten Beobachtungen und Feststellungen zu einer komplexen In-Eins-Erfahrung der geschichtlichen Entwicklungsemanation zu gelangen. Und Emanation bedeutet in diesem Sinn nicht mehr und nicht weniger als das natürliche Hervorgehen und stufenweise Sich-Entwickeln des Vielen aus dem Einen, wie es gerade der Islam erkannt und genannt hat. Das Eine, das Urheilige, das Mächtigschaffende – es ist Allāh, von dem her alles als Geschaffenes wurde, ohne daß er es sich ähnlich gemacht oder ähnlich gewollt hätte[28].

So liest man denn: »Große geographische und klimatische Spannungen und gegensätzliche Wechsel im Wachstum umfaßten die ersten Bewohner (Urberber, Altiberer, deren ethnische Wurzel gemeinasiatisch ist) der iberischen Halbinsel, (als sie von Afrika herüberwanderten). Darin liegt ihr Schicksal, ihr Werden, ihr Sterben. Darin sind ihre furchtbaren, vom ichsüchtigen, denkenden Geist gelenkten Begierden und alle ihre Irrtümer mit den daraus folgenden Tragödien vorgezeichnet wie im Korn die Ähren. Jeder Hauptzug ihrer erhabenen zerrissenen Erde kam von Asien und lief von Osten nach Westen, um das Angesicht, die unzweideutig weisende Stirn Afrika und nicht Europa zuzukehren. Werden die Menschen dieser Erde ihre Gebundenheit an den Zug von Ost ganz wie die Erde nach Südwest auslaufen lassen? Werden die (Ur-)bewohner mit dem Gesicht nach Afrika aus den Gesetzen ihrer Erde ihre Kulturen entwickeln? Wahrscheinlich mußte sich jeder geistige Hochmut, jede Blindheit, jeder Ehrgeiz, ja selbst die beste Kraft, die diese Richtung übersah, rächen! Jede Menschenwanderung, die auf dieser Halbinsel strudelig formend endete, war in allen ihren Geschicken und Gebilden ein Zeugnis voll von Segen, wenn die Menschen im Einklang mit ihrer Natur lebten; sie war ein Zeugnis voll von Flüchen durch die Geschlechter von Jahrhunderten, wenn sie ihr Gesicht von Afrika weg nach Europa oder sogar noch weiter nach Nordwesten kehrten.«[29]

Diese ebenso einfachen wie großartigen Sätze machen deutlich, wie sehr es vonnöten ist, die geisteswissenschaftlich-historische Methode auch wieder in der Geographie als die allein maßgebende zu erkennen – im Gegensatz zu der zeitweise ausschließlich naturwissenschaftlichen Dominanz in detailhaften Studien zur Geologie, Geomorphologie, Klimatologie, Meteorologie, Erdgeschichte, Ethnogeographie und Pflanzen- und Tiergeographie, in Verbindung mit einer häufig schwerpunktartig maßhaft-statistisch verfahrenden Soziographie.

Die geisteswissenschaftlich-historische Methode ist vor allem maßgeblich im Hinblick auf die verändernde Macht des Menschen gegenüber der Natur, die der Islam wie kaum eine andere religiös-soziale Bewegung gleichzeitig im gesamten Orient und in seinem westlichsten Ausläufer – in Andalusien – zur bleibenden, geschichtlich einmaligen ›Artung‹ brachte.

Hier ist eine Quelle aufgebrochen, aus der fast unaufhörlich Erkenntnisse strömen, die das Antlitz einer Weltkultur und ihre vornehmsten Zeugnisse auf allen Lebensebenen freilegen. Was aus ihr hervorquillt, sehen wir bei der Betrachtung des ›Andalusischen Gartens‹ mit seinem überschäumenden Licht, seiner Fülle an Farben, mono- und polychrom, seinem Fruchtsegen und seinen Flüssen, Bergen, Schluchten und Terrassen, seinen Olivenhainen, Korkeichenwäldern, Aprikosenplantagen, Weingütern, Datteloasen, Feigenkulturen . . .

Es ist das Blut Afrikas, das durch Andalusiens Herzkammern pulst, das sein Sein bis heute unverändert bestimmt: An allen Tagen und durch alle Jahreszeiten, auf dem Land wie an den Küsten und in den Städten, in der Literatur, der Kunst und der Musik, im Denken und Glauben – immer und überall!

Das Gesicht eines Landes

Wie lange mögen sie hinübergeschaut haben auf das Land jenseits der ›Enge‹, jenseits des Meeres, das bei Ceuta und Tanger zum andalusischen Festland hin zwar schmal, für die Wüstenbewohner jedoch voller Gefahren und Unwägbarkeiten war, denen sie sich hilflos ausgeliefert sahen?

Dabei ist zwischen hüben und drüben kaum ein wesentlicher Unterschied: Die nördliche Region des Maghrib duftet vom späten Frühjahr bis zum späten Sommer nach afrikanischer Minze – bereits in Altägypten wurde sie als Kulturpflanze genannt –, die dicht und in saftigen Stauden zwischen Stein- und Korkeichen, mitunter auch Tamarisken und Zedern bis an die Ränder des Rīfgebirges und der Berberei im Nordwesten Marokkos grünt. Auch im Licht ist hier wie drüben das gleiche Gold, das in der ständigen Brise, die zwischen den beiden Küsten weht, eine einschmeichelnde Sanftheit besitzt. Das Atmen wird leicht, die Sinne werden lebendig und aufmerksam, auch wenn alles unter der tiefblauen Kuppel des nahezu immer wolkenlosen Himmels in Trägheit dazuliegen scheint: Die Sonne dringt mit ihrer immerzu leicht vibrierenden Fülle in alle Dinge dieses Landschaftsdīwāns.

Folgen wir den anschaulichen Schilderungen des rätselhaften Abu 'Abdallāh Muḥammad Ibn Muḥammad aš-Šarif Idrīsī. Er schrieb im Auftrag seines Freundes, des Sizilieneroberers Graf Roger de Hauteville um 1116/1117 seine »Beschreibung Afrikas und Spaniens«, die zu einem grandiosen und genauen Zeugnis seiner Welt und ihrer bewegten Zeit wurde.

»Sein Urgroßvater, Idrīs II. al-'Alī bi-amri-'l-lāh, aus der Familie der Hamouditen, der sich ebensosehr durch große Herzensgüte wie durch eine extreme Charakterschwäche auszeichnete, hatte das Fürstentum Málaga regiert und den Titel Kalif, Beherrscher der Gläubigen, geführt; einen Titel, der in jener Zeit seinen Wert verloren hatte, da ihn sich selbst Fürsten geringer Bedeutung zugelegt hatten. Idrīs II. starb 1055. Zwei Jahre später wurde Málaga vom Königreich Granada annektiert und alle Hamouditen gingen ins Exil.«[30]

Der junge Idrīs wurde wahrscheinlich um 1100 in Ceuta geboren, wo der Berber Sacaute, ein ehemaliger Halbfreier der Familie, herrschte. Über seine marokkanische Heimatstadt berichtet er:

»Die Stadt Ceuta, gegenüber Algeciras (oder der Grünen Insel) gelegen, breitet sich über sieben Hügel, die einander berühren, aus. Sie ist bevölkerungsreich, und die Länge beträgt vom Osten bis zum Westen ungefähr eine Meile. In einer Entfernung von zwei Meilen ragt der Djabal Mourā auf, ein Berg, der nach Musā ibn Nusair benannt ist, der in den frühen Zeiten des Islam Spanien eroberte. Ceuta ist von Gärten und Obsthainen umgeben, die eine Fülle von Früchten hervorbringen. Man baut dort Zuckerrohr an und auch den Zitronenbaum, dessen Früchte in die benachbarten Städte verschickt werden. Die Landschaft, die das alles hervorbringt, heißt Balyounich; dort gibt es Wasserläufe, heitere Quellen und ergiebige Weiden.«[31]

Anschließend beschreibt der ›fürstliche Geograph‹ den Berg Ǧabal 'l-Mīna östlich von Ceuta, auf dessen Hochfläche eine Mauer verlaufe, die einst auf Geheiß von Muḥammad ibn abī Amir errichtet worden sei, als er von Spanien nach Ceuta herüberkam. Er habe, so sagt Idrīs, vorgehabt, die ganze Stadt auf diese Hochfläche zu verlegen, doch sei er während des Baus der Mauer vom Tod überrascht worden. So sei Ceuta an der alten Stelle geblieben, und al-Mīna

– so hatte die neue Stadt heißen sollen – wurde ein toter Platz. Noch stünden ihre hohen Mauern, und sie seien so weiß, daß man sie von der spanischen Küste aus erkennen könne.

Heute überziehe den Platz eine dichte Pflanzendecke. Inmitten der Stadt selbst befinde sich eine kleine Quelle, die nie versiege. Was den Namen Sebta angehe, so führe er sich darauf zurück, daß die Stadt auf einer halbinselartigen Landzunge stehe, die von allen Seiten vom Meer umgeben sei, außer an ihrer gestreckten Seite ... Das Meer, das ihre Mauern im Norden umspüle, nenne man Meer der Enge (as-Socās); das der mittleren Küste trage hingegen den Namen Bosoul. Ceuta sei ein ausgezeichneter Hafen, von wo aus sich alle Himmelsrichtungen ›wie die Winde‹ öffneten.

M. J. de Goeje bemerkt dazu – und das ist heute die Meinung aller Fachleute –, daß man Sebta weniger mit ›saeptum‹, Einfriedung, als vielmehr mit ›septem fratres‹ in Verbindung bringen müsse, eben mit dem Namen der sieben Hügel, die ›wie Brüder‹ die Stadt tragen.

Auch den Fischreichtum der marokkanischen Küste – man zählt bis zu hundert verschiedene Arten – läßt Idrīs nicht unerwähnt, ebensowenig wie das bis heute beinahe unveränderte Harpunieren. »Doch auch Korallen, deren Schönheit alles übertrifft, was man sich nur immer vorstellen kann, werden dort gefunden, zerschnitten, geschliffen, poliert und aufgereiht. In Ghana und anderen Städten des Sudan finden sie reißenden Absatz.«[32]

Soweit die zeitgenössische Schilderung des Prinzen, des unmittelbaren Nachfahren von Alī und Fātima, der Tochter des Propheten aus Mekka.

Die farbige Darstellung Idrīs' wird hier wiedergegeben, um zu zeigen, daß zwischen der nördlichen Küste und dem bergigen Vorland des Hohen Atlas und des Rīfgebirges diesseits und den landschaftlichen Gegebenheiten des andalusischen Küstenvorlands – der Sierra des los Gazules und der Sierra de la Luna mit den ihnen vorgelagerten Städten Tarifa, Algeciras und Gibraltar – jenseits der Meerenge kaum ein Unterschied besteht. Hier wie dort, im Maghrib wie im Andalus, gleichen sich die Gewohnheiten und Verrichtungen der Menschen. Hier wie dort wuchert der gleiche bunte Pflanzenreichtum. Hier wie dort geht die Entwicklungsgeschichte der Menschen auf den gleichen Ursprung im frühen Altertum zurück.

Die grandiosen, wuchtig aufgetürmten paläozoischen Gebirgsketten des Tellatlas, des Sahara- und des Hohen Atlas mit ihrem nördlichen Aussprengsel, dem Rīf, verlaufen ebenso von Nordosten nach Südwesten wie drüben die Sierra Morena und die Sierra Nevada, deren Hügelvorland stufig in die ›Huerta‹-Niederungen und Flußtäler hinabführt. Auf beiden Seiten finden wir die gleichen Grauwacke-Quarzit-Strukturen, in deren zyklopischen Massen tiefbraune und rotschwarze Bänder mangan- und eisenhaltigen Gesteins verlaufen.

Noch stehen wir auf dem afrikanischen Kontinent; doch Muḥammad ibn-Muḥammad aš-Šarif Idrīsī hat auch andalusische Ahnen, und seine Lebensgeschichte ist symptomatisch für die vieler arabo-andalusischer Muslime aus der Zeit um die Wende zum zweiten Jahrtausend christlicher Zeitrechnung. Er wird uns nach Andalusien begleiten, wo wir ihm vor allem in Córdoba wiederbegegnen, der Stadt, die ihn so sehr angezogen und deren Verfall ihn wohl tief getroffen hat.

Drei landschaftliche, oder besser, raumhafte Faktoren haben das Gesicht Andalusiens sowohl allgemein- als auch anthropo-geographisch geprägt: die Sonne, die Berge und das Meer. Ihnen verdanken die Menschen die reiche Vielfalt der Natur, die Täler, Niederungen und die hellen Städte, die Gärten und schattigen Haine, doch auch das Lichte und Dunkle ihres Wesens, jenes rätselvollen Chiaroscuro, das uns immer aufs neue von sich und seinem geheimsten Ursprung zu erzählen vermag.

Das Meer! Nicht allen Menschen, die von Afrika aus nach Spanien aufbrachen wird es feindlich erschienen sein, denn einst muß wohl die Meerenge am Ṭāriq-Berg, die heute Europa vom Schwarzen Kontinent trennt, nicht existiert haben. Doch als die Muslime sich aufmachten, auch Europa dem Islam zu unterwerfen, da erschien ihnen selbst dieser schmale, legendenhaft entstandene Wasserstreifen, dem sie sich gegenübersahen, unheimlich und drohend. Ihnen war das Meer nicht so vertraut wie ihren frühen semitischen Verwandten, den Phöniziern, deren Schiffe schon auf vielen Meeren gekreuzt waren, ehe sie auch an Spaniens Küsten Anker warfen.

Wüstenmeer und Wassermeer waren zwei Welten mit jeweils eigenen Gesetzen, die beachtet werden mußten, wollte man überleben. Wie ihre anderen semitischen Urverwandten, die Iberer und Berber, die auch einst aus den Weiten der Wüste herangezogen waren, schreckten sie zunächst vor dem Meer zurück, das oft hoch aufschäumend wie in wilder Urwut raste. Und obgleich ihnen Muḥammad den Segen des Meeres und seine Gefahrlosigkeit für die ›Rechtgläubigen‹ dargestellt hatte, hinderte sie ein Instinkt daran, sich ihm und seinen Tücken ohne Not anheimzugeben.

Gewiß, sie kannten die Worte der elften Sure (42f.), in denen Noah, als die Flut anschwoll, seinem Sohn zurief, die Arche zu besteigen, und er solle es nicht wie die Ungläubigen halten, sondern sich unter Gottes Schutz stellen. In der vierzehnten Sure[32] hatte der Prophet gar gesagt: »Schiffe stellt er in euren Dienst; auf sein Geheiß durchfurchen sie das Meer«, und schließlich hatte er ihnen in der 42. Sure (32ff.) bedeutet:

> Ja, das sind Zeichen dem, der in Geduld sich übt
> und dankbar sich erzeiget,
> doch strafend für die Sündenlast läßt er den untergehn,
> der sich nicht vor der Nachsicht Gottes beuget.

Noch lange, nachdem die Umajjaden dem Beispiel der bekehrten Ägypter, Griechen und Byzantiner gefolgt waren und Flotten gebaut hatten, war vielen Muslimen das Meer nicht geheuer, zumindest unsicher, unwägbar in seinem schnellen Wechsel von Dünung und Sturm. Daher traf denn auch al-Maqqarī in seinen Analekten (I, 24) die Feststellung:

> Drei Dinge sind
> unsicher für dein Glück:
> das Meer zuerst,
> der Sultan, das Geschick.

Sicher würde sich ein vertieftes Eingehen auf die geistigen und historischen Hintergründe, die dem sprichwörtlichen Ergebenheitswillen und dem fatalistischen Lebensgefühl seiner demütigen Anhänger in dieser pessimistisch furchtsamen Dauersicht entgegenstehen, lohnen, doch das würde in mehrfacher Hinsicht den Rahmen dieses Buches übersteigen.

Doch das Meer wurde dennoch – neben den launischen Herrschaftsvorstellungen der Sultane, Emire, Kleinkalifen und beduinischen Stammesfürsten und ihrer politisch oft ungeschickten Verwirklichung – zum Omen ihrer Bestimmung, die sich unter dem Diktat der Reconquista 1492 erfüllte. Nie mehr sollten die Muslime den Boden Iberiens als Herrscher betreten, und die mächtigen christlichen Häuser Aragon und Kastilien achteten streng darauf, daß ihre afrikanischen Nachbarn, die in die engen Grenzen einer bloßen Küstennavigation verwiesen worden waren, auch in diesen Grenzen verblieben.

Die eingewurzelte Abneigung der Araber gegenüber dem Meer läßt sich sehr schön aus manchen Gedichten ablesen, in denen ein bis dahin in der Literatur – des Orients wie des Okzidents – nicht vernehmbarer Ton hörbar wird, der aus Humor und Furcht gemischt ist.

Ibn Ḥamdīs, der »von Sizilien nach Spanien und von Spanien nach Afrika«[33] mehrfach das Mittelmeer befuhr, drückt in den folgenden Versen das Empfinden eines anonymen Dichters aus:

Ich geh' auf keine Barke,
will nicht auf's offne Meer;
mir drohen seine Schrecken
von allen Seiten her.

Ich bin aus Lehm gestaltet,
aus Wasser es besteht.
Und Lehm löst sich im Wasser,
wo es zu nichts vergeht.

Noch mehr von sarkastischem Humor getragen sind die Zeilen, die Abū-l-Hasan al-Husrī aus Ceuta schrieb, nachdem er von al-Mu'tamid, den später die Almoraviden aus seiner Residenz ins Exil zwangen, eine Einladung, nach Sevilla zu kommen, erhalten hatte:[34]

Du willst, ich soll die Enge überqueren:
Mit seiner Gunst beschenke Allāh dich!
Erzeige deine Großmut einem andern,
mit deiner Gunst, o Herr, verschone mich.

Du bist kein Noah, der mit seiner Arche
mich schützet vor der aufgebrachten See,
und ich kein Moses, dem die Macht gegeben,
daß er auf Wogen wie auf Wegen geh'!

Wo hat man zu Beginn des Hochmittelalters (11./12. Jahrhundert) solche Worte in einer solchen Sprache und Fügung, Hintergründigkeit und Offenheit je gehört?

Allein dieses ›neue‹ Phänomen würde es schon rechtfertigen, die Geschichte der europäischen Literatur in großen Abschnitten neu zu schreiben. Die große Dichtung der arabischen Andalusier oder andalusischen Muslime, deren Blüte – analog zu vielen Völkern – in die Verfallszeit der »fitna«, also ins 10. bis 12. Jahrhundert fiel, könnte dann erst in all ihrer Vielfalt und Eigenheit, in ihrer Trauer und Heiterkeit, Farbe und Schönheit erfaßt werden.

Doch immer beherrscht die Reinheit der Form, die den inneren Gesetzen der klassischen Sprache bis in die kleinsten Nuancen hinein folgt, den originellen Gedanken, äußere er sich nun in panegyrischer oder beschreibender Lyrik. (Die letztere, die oft tief in das muslimische Seelengeflecht hineinleuchtet, hat – es mag erstaunlich klingen – über die koranische Verkündigung auch in die darstellende Kunst des Islam Eingang gefunden.)

Neben dem Meer sind es die Berge, die Andalusiens Wesen und Ausdruck wie nichts sonst geformt haben. Und auch den Menschen, die in den oft nur schmalen und abgeschiedenen Stufentälern siedeln oder die in den Ebenen unterhalb der Felsmassen ihr seit alters her unverändertes Leben leben, haben sie eine eigenartig urbildliche Prägung verliehen.

Haben wir das Meer vom Maghrib aus nördlich und von der andalusischen Küstenregion aus südlich blickend betrachtet, so sollte der Blick auf die Berge den geologischen Gegebenheiten folgen, also von Nordosten nach Südwesten, oder einfacher, nach Süden gerichtet sein. Überfliegt man die breiten, schwarzbraunen Ketten der Sierra Morena mit ihren zahllosen Schluchten und trichterförmigen Klüften, dann mag man die ungeheure tektonische Spannung erahnen, die zu ihrer Ausformung geführt hat. Zusammen mit der sich südöstlich anschließenden, noch gewaltiger aufsteigenden Sierra Nevada bildet die Sierra Morena – aus der Luft gesehen – die Gestalt eines sprungbereiten Löwen. Sein Kopf wendet sich nach Nordosten, und das kaudale Ende des vielfüßigen Rumpfs mit seinen zurückgebogenen Tatzen – den in die Guadalquivir-Ebene hinabsteigenden Gebirgsausläufern – spannt sich nach Südwesten.

Es waren gewaltige Kräfte und Gegenkräfte, die im frühen Paläozoikum diese Bergwelt mit ihrem grandiosen rotlila-grünbraunen Panorama ausgebildet haben, welches zumeist karg und kahl, nur von Bergflechten oder von ›Matorrall‹, den immergrünen Hartlaubbüschen, übersponnen ist. Es sieht aus, als seien Riesengletscher die Baumeister gewesen, die die tiefen, schluchtartigen Täler in den Stein gegraben und – so scheint es bisweilen – geradezu ausgesprengt haben. Später müssen es Großbeben gewesen sein, die im Osten das Gestein vertikal aufpfeilerten, so daß unweit von den Navas de Tolosa – wo sich 1212 das maurische Schicksal zur endgültigen Niederlage gegenüber der christlichen Reconquista neigte – ›Los Organos‹, die ›Orgeln‹ zu einem großartigen Naturphänomen erwuchsen. Aus rund 400 Millionen Jahre altem Wacke- und Quarzitgestein stoßen die mächtigen, scharfgratigen Säulenzyklopen empor, die wie unheimliche, grün-schwarz-braune Orgelpfeifen aussehen.

Sie bilden gemeinsam mit der engen, steil umschlossenen Schlucht und dem in ihr rauschenden Nebenfluß des Guadalimar – den später der ›silbertragende‹ Guadalquivir in sich aufnimmt – sowie mit dem Dunkelblau des Himmels über den Grathöckern und Orgelkronen einen wunderbaren Naturakkord, der von seiner tellurischen Geschichte erzählt und den Betrachter in seinen scheinbar ewigen Steinkreis bannt. Hier und da scheinen Steineichen, zuweilen auch Olivenbäume über die Höhen und Geröllhalden zu wandern; so jedenfalls sieht es aus, wenn man, einem Greifvogel gleich, über dieses alte Briganten- und Schmugglerreich dahinfliegt.

In diese Welt hinauf wanderten schon früh die Urberber, und mit den arabischen Führern fanden späte Verwandte dieser ältesten Andalusier hierher, die – wie heute – in kleinen weißen Häusern in den Tälern lebten. Ihre Nachfahren künden auch jetzt noch bisweilen von ihrer muslimischen Vergangenheit und von ihrem unverfälschten Volkswesen.

Doch kehren wir noch einmal zurück, um nunmehr zu Land dem Zug des Gebirges vom Norden zum Südwesten zu folgen und – aus der unter der Sonne träumenden Mancha jenseits der Berge kommend – die Sierra zu erschließen. Unser Blick ist dabei Afrika zugekehrt, das räumlich wie zeitlich stets gegenwärtig ist.

Über 400 Kilometer weit erstreckt sich die Sierra Morena in die Niederung des Guadalquivir, der sie jäh ihre Steilhänge entgegenkehrt. Bei Jaén, dem alten Municipium Aurgi der Römer, das von 1013 bis 1090 – also in der Zeit der arabischen Kleinkönigtümer (mulūk at-tawā'īf) – Hauptstadt eines maurischen Reichs war, das 1246 von Kastilien zurückerobert wurde, – bei Jaén türmte die Erde vor 135 Millionen Jahren den Weißkalkstock der Sierra Mágina auf, der von Höhen bis zu 2165 Metern auf die fruchtbare Gartenlandschaft in der Umgebung der Stadt hinabblickt.

Sonnenaufgang und Sonnenuntergang entfalten hier tagtäglich ihre ganz eigene, vielfach abgestufte Farbigkeit und Lichtpracht, die man, wie es Hans Roselieb getan hat, ›in eins‹ sehen muß, um der vollendeten Schönheit dieses Bergwinkels ganz habhaft zu werden.

»Dieses Lichtwunder,« so schreibt er, »spielt sich ab inmitten jenes andalusischen, zum Teil schneebedeckten Hochgebirges, das in kegeligen und Terrassenformen steigt und sich senkt, sich windet und krümmt und in einer Weite von lauter Höhen verläuft, die aussehen wie die Wellenkämme eines furchtbar erregten Meeres, doch magisch erstarrt im Augenblick, wo die Wogen am wildesten ihre Köpfe mit den tausend leckenden Zungen erheben. So sieht es aus, aber erstarrt. Es ist in die duftigsten bläulichen, lila, rosa Lichtschleier gehüllt, zart anschmiegend. Nichts verschwimmt nebelig. Jede Form ist in ihrer leisesten Schwellung auf weite Fernen sichtbar, alles gläsern klar und bestimmt. Die Abhänge tragen gelbe Kornfelder, grüne Reben und vornehmlich die silbrigen Ölbäume, die das beste Öl Spaniens liefern. Nie ist sie gleich diese Landschaft; stets wandelt sie sich im Licht und so unglaublich, daß ein Maler, der sie malen würde, die neutralsten, die allereinfachsten Lichtzeiten aussuchen müßte, weil er sonst Farben malte, die wir als kitschig, unglaublich und unmöglich empfinden. Ein Theater von göttlicher Schönheit bilden diese Lichtszenerien von Jaén in einem Klima, das wegen seiner Milde im Sommer und Winter berühmt ist.«[35]

Von der Höhe herab erblickt man, soweit das Auge reicht, die Olivenkulturen, die so symbolisch für ganz Andalusien geworden sind, daß Ortega y Gasset die Frucht dieser silberfingrig-verknorrten Bäume, die ihre buschigen

Kronen nicht zu hoch über die gelbe, braune, ockerfarbene oder lehmgoldene Erde erheben, zum ›bätischen Emblem‹ erhob, zum Hinweis auf den orientalisch-asiatischen Wesensursprung der Menschen, die diese Landschaft prägten.

Und über den wie zu Schlachtreihen formierten abermillionen Bäumen, untergliedert nur von den niedrigen Strauchreihen, die die Besitzgrenzen markieren, vibriert und pulsiert das Sonnenlicht. Es greift in das Blauviolett der scharfgratigen Gipfel, verweilt auf den grüngelben Schildbuckeln der niederen Erhebungen und fächert schließlich weit über die Baumflächen hin, deren Gleichförmigkeit nur gelegentlich von einem bizarr verwitterten, braungelben Felseinzelgänger unterbrochen wird.

Übersteigt man dieses Bergland nach Süden hin, so gelangt man nach Granada mit seiner Maurenfeste, die 1492 als letzte Bastion dem westlichen Islam entwunden wurde. Der Küste zwar schon nah, versperren hier noch die klingenscharfen Kämme der schneegekrönten Sierra Nevada den Blick hinüber nach Afrika, mit dem das Land sowohl tellurisch wie seelisch-geistig so eng verbunden ist.

In Granada aber und in den Dörfern der Vega wird in aller Einfachheit und Gültigkeit wahr, »daß die landschaftliche Größe die Unruhe und nesthafte Kleinheit (der Menschenansiedlungen) in ihrem ornamentalen Geschlinge gütig und mütterlich aufnimmt und daß sie die Sinne erfrischt, die Spannungen der Nerven beruhigt und das Gemüt nicht nur frohergeben macht zu einem Fatalismus, der alle Unglücksschläge hinnimmt und dabei fühlt, daß es mit Gott geschieht, ja daß es auf diese Weise auch die Kraft hat, das Blut jener, die fremd herkommen, zu verwandeln.«[36]

In Granada und im Angesicht des von Ibn Ǧubair[37] erwähnten ›Cholair‹, des Gebirgsscheitels der Sierra Nevada, muß Ibn Ḫafāǧa die Inspiration zu seinem großen Gedicht ›Der Berg‹ empfangen haben. Verschiedene Gründe rechtfertigen es, hier das Wesentlichste daraus vorzutragen[38]:

Wie oft geschah's, daß mir ein Berg dort, wo sein Haupt
hoch aufgereckt, in herber Schroffheit kühn,
den höchsten Himmelsregionen wehrt mit schwarzem Grat,
der wohl dem Widerrist des Rosses ähnlich schien;

den Wind aussperrend, gleich woher er wehen mag,
den grauen Schattengriff der schweren Nacht
allein zurückdrängt mit dem breiten Schulterschild,
der auch die tiefsten Höhen noch zu Wehren macht.

So ernst, verschlossen in dem weiten Wüstenraum:
in langen Nächten schien ein Denker er zu sein,
der alles das bedenkt, was ihn rundum bedrängt,
der Dinge Folgen wägt und wissend trägt allein.

Die Wolken, einen schwarzen Turban, um sich schlingt;
die Blitze, die wie Feuerpfeile ihn umglühn,
nichts achtend abwehrt, breit und unversehrt,
daß sie vor ihm wie Zunderlunten fliehn . . .

Dann stieß ich Schreie aus; doch er blieb taub und stumm,
als scherte ihn nichts als die eigne Welt,
und doch, in einer langen, kalten Reisenacht
hat er geheimnisvolle Dinge mir behend erzählt.

»Wie lange noch«, sprach er, »muß ich noch duldend sein
der Räuber Zufluchtsort, des Einsamfrommen Statt,
der alles, was die Welt als hohes Glück erkennt,
um Gott zu dienen still verlassen hat?

Wie viele Male haben die, die Reiseunrast trieb,
bei mir die Nacht durchwandert bis zum frühen Licht,
und haben andre, Pferd und Reiter ohne Sorgen gleich,
in meinen Falten schlummernd sich verborgen nicht?

Wie viele Male prallt' der Wüstensturm von überall
in meine Flanken, lahmte und verflaut,
und hielt mein Sockel allen Peitschenschlägen stand
der Meeresmassen, die er rasend aufgestaut.

. . . . .

Doch alles das verging; der Tod reicht' seine Hand
und trug es fort aus meinem Felsenraum.
Vom Wind verhaucht, in aller Trennung herbem Widerspruch,
erkennt man die verblaßten Lebensspuren kaum.

Das Wispern meiner kargen Haine, nein, es ist nichts mehr
als der geheime Seufzer einer toten Brust;
das Gurren meiner aschengrauen Felsentauben nur
der Wehschrei, den ein Klageweib zu klagen wußt'.«

»Leb wohl«, sagt' ich und wendete mich eilend fort;
ich sehnte mich nach einem hellen Sonnenort.
»Leb wohl!« – Die einen müssen scheidend bald vergehn,
die and'ren aber fort und fort bestehn.

In seinem Buch »Die andalusische Dichtung in klassischem Arabisch im 11. Jahrhundert«[39] führt Henri Pérès aus, daß die arabischen Dichter Andalusiens vor allem liebliche Landschaften in ihre so oft von der irdisch-menschlichen Liebe erfüllten Verse flochten: den Kreis der ländlichen Feste, die Plätze, an denen der Geist Zerstreuung und Kühle an Flüssen, in Tälern und schattigen Gärten zu finden vermochte.

»Das Gebirge besaß keinen Reiz für sie. Es vermittelte ihnen lediglich ein Gefühl von Furcht, wenn es überhaupt ihr Interesse erregte. Wenn sie von ihm sprechen, dann unter dem Gesichtspunkt des ihnen Fernen, und wenn sie doch etwas dazu veranlaßt, die Masse, die da so gewaltig auf der Erde aufruht, zu betrachten, dann verdankt man das nur dem Umstand, daß alles andere, das sie zur Dichtung veranlaßt, erschöpft ist. Das läßt einen glauben, daß die islamischen Länder aus nichts anderem bestehen als aus Niederungen und Tälern. Dennoch, das Andalus bot ihren Blicken bei einem Höhengang die schneebedeckten Gipfel der Pyrenäen, im andalusischen Süden die Bergsteilen der Sierra Nevada.«[40]

Und im Blick auf das Gedicht des Ibn Ḫafāǧa sagt er: »Die Personifikation des stolzen, ewigen, zugleich am Schicksal und den Kümmernissen der Menschen, die zu seinen Füßen leben, teilhabenden Berges, ist ganz gewiß ein überraschender und origineller Zug, und sie läßt es auch besser zu, als es viele lange Abhandlungen vermöchten, eine – um es einmal so zu sagen – soziale Rolle des Gebirges darzulegen: ›Wie lange noch‹, sprach er, ›muß ich noch duldend sein der Räuber Zufluchtsort, des Einsamfrommen Statt,/der alles, was die Welt als hohes Glück erkennt,/um Gott zu dienen still verlassen hat?‹«

Der Bandit, so stellt Pérès lakonisch fest, der in das Buschdickicht des Berges floh, um der Justiz zu entkommen, sei wohl an jenem Ende des 11. Jahrhunderts nicht selten gewesen. Ibn Ḫafāǧa hätte selbst Gelegenheit gehabt, die Unsicherheit der Wege jener Zeit kennenzulernen, und zwar an dem Tag, als er begleitet von 'Abd al-Ǧalīl ibn Wahbūn, von Wegelagerern überfallen worden sei: der Freund wurde getötet; er selbst entkam wie durch ein Wunder.[41]

Doch diese Strophe, so fährt er fort, sei auch deshalb bedeutungsvoll, weil sie gegen Ende des elften und zu Beginn des zwölften Jahrhunderts die Existenz von Anachoreten und Eremiten belege, die die jüngst erst eingedrungenen mystischen Vorstellungen zur Abkehr von der Welt und zu einem Leben reiner Kontemplation veranlaßt hätten. »So wird denn«, merkt der französische Arabist an, »Ibn al-Hāgg al Balfīqī von dem Gebirge sprechen, aber lediglich, um die große Anzahl von Asketen, die sich dorthin zurückgezogen haben, zu kritisieren.«[42]

Unabhängig von der soziologischen Komponente ist das fein gesponnene Wortgeflecht von nicht zu unterschätzender Bedeutung, das das Gedicht durch seine strenge Reim- und Maßtreue zu einem unvergleichlichen Denkmal der Literatur seiner Zeit macht. Man kann in ihm – die Zeichensetzung wurde in der Übertragung um des leichteren Verstehens willen vereinfacht – lyrische Arabesken wahrnehmen, die in logischer Gedankenfolge verschlungen sind; eine Merkwürdigkeit, die später den Vergleich mit der bildnerischen Arabeske geradezu herausfordern wird. Denn die Arabeske ist wesentlich Kind der Sprache; sie ist die späte Frucht einer bildnerisch-künstlerischen Sprachmanifestation des Arabischen und seiner seelisch-geistigen Wurzeln.

Doch richten wir den Blick noch einmal zurück auf die schroffe, abweisende Gebirgswelt mit ihren zahllosen Quellen, Rinnsalen, Bächen und Flüssen. In fast jedes Tal, in jede Niederung verströmen sie ihren kristallklaren Segen, der den mineralreichen, doch kargen Boden überall dort auf üppigste Weise fruchtbar werden läßt, wo der Mensch ihn bestellt. So ist Andalusien vor allem ein Land der Gärten, der verträumten Winkel, der schattigen Nischen unter der segnenden Sonne.

Und es waren die Araber, die Muslime, die selbst die Städte gartenhaft verstanden und so anlegten, daß sie bei aller Enge in ihren Innenbereichen wie eine ›Saat von Gärten‹ aufgingen: die duftenden Patios bezogen jedes einzelne Haus in den gärtnerischen Gesamtgedanken ein – voller Leben, Gelassenheit und Innerlichkeit.

Fortsetzung des Textes auf Seite 57

Córdoba

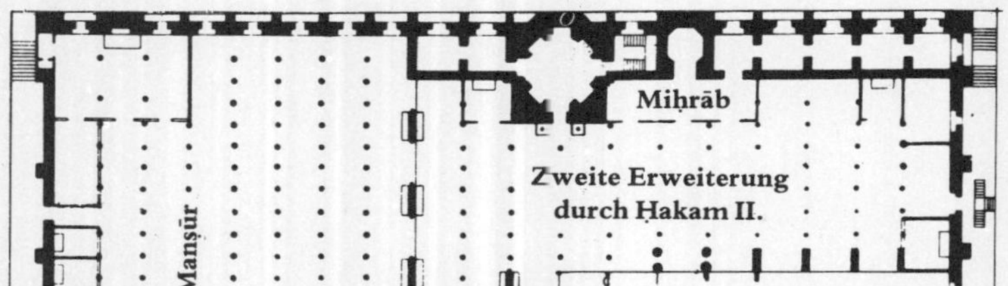

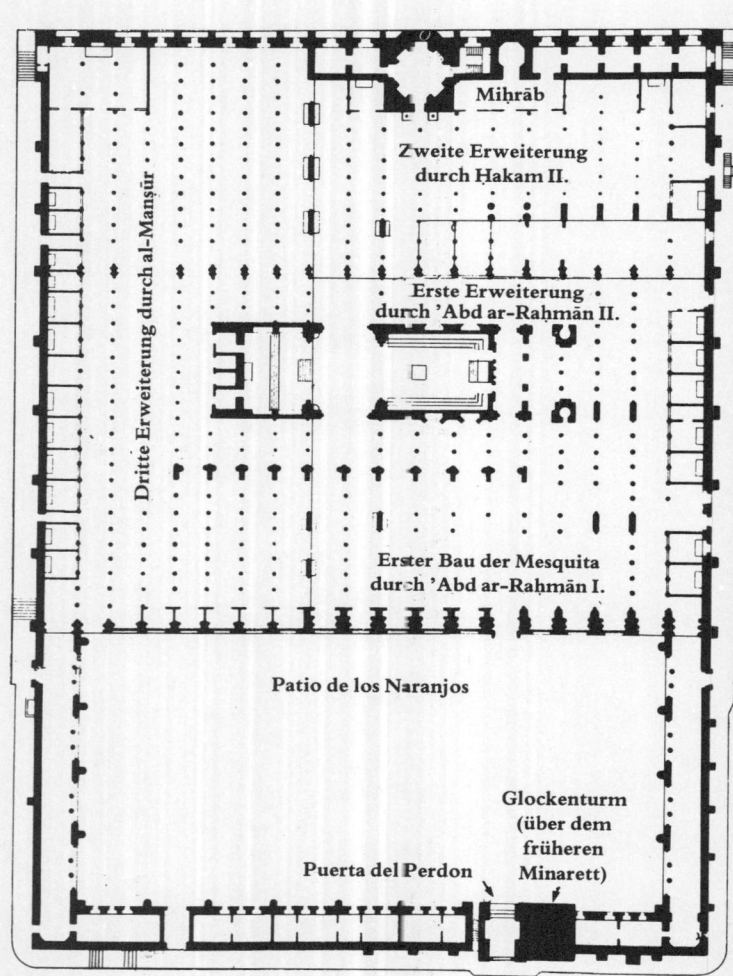

Die Mesquita

1 Puerta del Perdón mit Blick in den Patio de los Naranjos (Orangenhof)
2 Römische Brücke über den Guadalquivir in Córdoba mit Mesquita
3 Blick vom einstigen Minarett der Mesquita in den Patio de los Naranjos, auf Kathedrale und Puerta de las Palmas
4 Eines der Tore zur Mesquita
5 Oberer Teil der Fassade des Mihrab mit Goldmosaik
6 Mesquita von Córdoba, ein Wald von Säulen, römischen Ursprungs, und gestreiften Arkadenbögen
7, 8 Doppelbögen in der Mesquita mit Blick in den Miḥrab
9 Mittelkuppel der Kibla, verziert mit byzantinischen Mosaiken, eines der Meisterwerke der Weltkunst
10 Die Fuente del Olivo im Patio de los Naranjos der Mesquita mit dem Turm der Kathedrale, dem früheren Minarett der Moschee
11 Alcázar von Córdoba mit Orangenbäumen
12 Patio Principal o de Recibo im Palacio del Marqués de Viana in Córdoba
13 Patio de las Rejas de Don Gome im Palacio de Viana in Córdoba
14 Patio de la Cancela im Palacio de Viana in Córdoba
15 Patio de los Jardineros im Palacio de Viana in Córdoba. Dies sind einige der 13 Innenhöfe des Palastes
16 Oliven in den Alpujarras
17 Baena, ein typisch andalusisches Landstädtchen zwischen Córdoba und Granada
18 Unendliche Sonnenblumenfelder in der Umgebung von Córdoba
19 Cristo de los Faroles in Córdoba

5

7

8

◁ 9

10 11

PATIO
DE LOS
JARDINEROS
JAZMÍN AZVL "PLVMBAGO CAPENSI"
GERANEO "PELARGONIVM"

Waren ihnen die Gebirgswelt und ihre Gesetze wesensfremd, oder schienen es zu sein, so war ihnen der Garten der Ort, dem schon der Prophet in seinen koranischen Verheißungen den ersten Rang eingeräumt und sich selbst bis zur liebenden Intimität erschlossen hatte. Und was hinderte selbst den gläubigsten Muslim daran, bereits im Diesseits die paradiesischen Freuden – irdisch zwar, doch greifbar, unmittelbar – vorauszufühlen, vorauszuerleben, sie in ihrer jenseitigen Fülle und Endgültigkeit vorauszudenken?

So wurden die beduinischen Araber denn – im Gegensatz zu den Westgoten, die zu ihrem Nachteil die Ehe mit dem andalusisch-iberischen Boden ebensowenig eingegangen waren wie ihre römischen Vorgänger – Landbesteller, Gartenbau- und Bewässerungsplaner, schlicht Gärtner, bei denen – wie in den großen Städten Córdoba, Sevilla und Granada – der gärtnerische Gedanke grundsätzlich auch Baugedanke und die Architektur ganz offenkundig Bestandteil einer gärtnerisch gestaltenden Gesamtkonzeption wurde.

Hierbei ist es unerheblich, ob mehr der berberisch-andalusische oder der schon weitgehend verstädterte und durchmischte arabisch-andalusische Bevölkerungsteil als spiritus rector fungierte, der die edaphischen, klimatischen und orographischen Gegebenheiten in ihre – im weitesten Sinn – künstlerische Verwirklichung überführte. Denn die Berber mit ihrer je nachdem nomadischen, halbnomadischen oder seßhaft-bäuerlichen Lebensform waren mit den Arabern aus dem Ḥiǧāz, aus Ägypten, Syrien, dem Jemen, Irak, Libyen und Ifrīqija geistig, religiös und sprachlich zur ›umma Muḥammadijja‹ verschmolzen, der westlichen Region des ›dār al-islām‹. In ihr galt – zumindest von 'Abd ar-Raḥman I. bis zu Almanzor – die ›pax islamica‹, die den Frieden unter den Muslimen gebot, wenn auch Glaube und Schwert nur unter großen Mühen die – bewußt oder unbewußt – einander widerstrebenden Kräfte zur Einheit banden.

Zur ›umma Muḥammadijja‹ gehörten auch die Moz-Araber und die ›malāwī‹ (sg. maulā), also die arabisierten Spanier und Halbfreien, die aber trotz des hohen Ansehens, das sie erreichen konnten, entweder den ›harāǧ‹, die Grundsteuer oder – im günstigeren Fall – den ›'ušr‹, den Erntezehnten an die Kasse der arabischen Administration abführen mußten.

Die vorwiegend in den Bergregionen lebenden, ehemals oder immer noch christlichen Landarbeiter und das romanische Stadtproletariat bildeten dagegen die ›contribuens plebs‹. Sie mußte den Hof, die Verwaltung und das Militär genauso aus- und unterhalten wie das dem Müßiggang huldigende Heer von Emiren, Kalifen, Gouverneuren und Kleinfürsten.

Diese knappen Anmerkungen dienen hier lediglich dazu, um auf die offensichtlichen Verflechtungen der gesellschaftlichen Bedingungen mit den allgemeinen, der Landesnatur entsprechenden Prosperitätsverhältnissen unter der arabischen Herrschaft hinzuweisen, wobei die ›jardines‹, die ›huertas‹ und die mit ihnen verknüpfte Dichtung der ›rawdijjāt‹ (rawd = Garten) und der ›nawrijjāt‹, der ›Blumendichtung‹ ein auffälliges künstlerisches Phänomen darstellen.

Die Araber verwirklichten in Andalusien ihre gärtnerisch-edenhafte Bild- und Gedankenwelt, und das bedeutete auch, daß sie viele Kulturpflanzen ihrer syrischen Heimat oder aus dem ihr benachbarten levantinisch-maghrebinischen Raum auf dem neuen Boden heimisch machten. Es war dabei nicht zuletzt ihre hochentwickelte Bewässerungstechnik[43], die von der bloßen Vorstellung zur sinnlich erfaßbaren Realität führte, die bis heute allerorten zu erleben ist.

So ist es nicht erstaunlich, daß sich die arabischen Lyriker und Prosaschriftsteller der Landschaftsdichtung hingebungsvoll annahmen und sie in minutiösen Beschreibungen, die bisweilen die intimsten eigenen Gefühle reflektieren, zu einer frühen, bis dahin einmaligen Blüte brachten. In geschmeidigen Vers- und Reimpaaren wurde die einzelne Pflanze ebenso gewürdigt und besungen wie das wasserreiche, blühende Tal mit seinen schattenspendenden Bäumen und seiner Stille oder wie der Garten in seiner Gesamtheit und »seiner sich gegenseitig betonenden bunten Lichtfülle.«

Wohl kein Thema war den muslimischen Dichtern Spaniens vertrauter als das der Landschaft[44]. Ihre Blumen sind die Myrte (ās), die Marguerite oder Kamille (uqḫuwān), das Veilchen (banafsaǧ), die Narzisse (bahār), die blaue Iris (ḫurram), die Levkoje (ḫīrī aṣfar), der Goldlack (ḫīrī nammām), die weiße Lilie (sūsān), die gelbe Narzisse (narǧis aṣfar), die Seerose (nailūfar), die rote Rose (ward) und der Jasmin (yāsimīn).[45] Und At-Tignarī, der aus einem Dörfchen in der Nähe Granadas stammte und – so scheint es[46] – gegen Ende des 11. Jahrhunderts starb, liefert in seinem »Zahr al-bus-tān«, einem gründlichen, von reicher Sachkenntnis zeugenden agronomischen Buch, detaillierte Beschreibungen des Feigenbaums, der Olive, des Granatapfel-, des Pfirsich-, Pflaumen-, Aprikosen-, Apfel-, Birnen-, Quitten-, Kirsch-, Maulbeer-, Zetrat-, Orangen-, Zitronen-, Mandel-, Nuß- und Johannisbrotbaums, der Palme, der Bananenstaude und des Weins[47].

Natürlich haben die Araber nicht alle diese Bäume und Blumen als erste nach Andalusien gebracht: viele wuchsen dort bereits ›autochthon‹, als die Muslime von Nordafrika aufbrachen. Doch unbestritten haben sie die Dattelpalmen ›erst richtig‹ eingeführt, die seither im Palmenwald von Elche – und in einigen Exemplaren seit über 1000 Jahren – ihre Wurzeln tief in den rotbraunen Grund hinabgesenkt und ausgetrieben haben. Dicht an dicht stehen sie und nicht wie die oft besungenen, einsamen, in die Fremde verschlagenen Kinder des Orients: in einem fremden Land, unter einem feindlichen Himmel, aller Unbill und Mißachtung ausgesetzt[48].

Die Zitrone, die Orange, den Johannisbrotbaum, den Granatapfel, die Banane und den Maulbeerbaum – wahrscheinlich auch die Aprikose und die Mandel –, Zuckerrohr, Reis und Baumwolle, Auberginen, Melonen und Safran: das alles brachten die ›beduinischen‹ Landbesteller mit. Sie waren es auch, die die Olive veredelten und in den erwähnten Kulturen zur Überfülle brachten und die aus ausgesuchten Reben süße Rosinen zu trocknen vermochten.

Die Römer und Westgoten waren lediglich Kolonen gewesen, die das Land und die vorhandenen Güter plünderten. Die Muslime dagegen vermählten sich mit Andalusien, sie liebten es um seiner selbst willen und betrachteten es schon bald als ihre Heimat. Ihr Herkunftsland wurde ihnen fremd, stand ihnen fern; sie hätten nicht mehr dort leben wollen noch können[49].

Wie offen und tief die gärtnerische Liebe der arabo-andalusischen Dichter zu ihren Tal- und Höhengärten war, wie sehr ihre Seele, ihr Empfinden, ihr Denken sich in ihnen bewegte, sie in sich aufnahm, besingt unverwechselbar

Ibn Ḫafāǧa, der einer der bedeutendsten Landschaftsdichter seiner Zeit war, in seinem »Garten«. Ist es ein Wunder, daß er, der solche Verse zu schreiben vermochte, den Beinamen ›der den Garten liebt‹ erhielt?

O welche Blumenkelche, die der Morgen zart
des Schleiers, der die samt'nen Wangen deckt,
beraubt und ihre Blätter, die Aurora füllt,
aus ihren Schlummerträumen aufgeweckt,

erblickt man in dem Tal, in dem die Margueriten jetzt
mit spitzen Mäulchen saugen durstig still
reich aus den nackten Brüsten, die der Regen reicht,
die Silbertropfen, die er schenken will.

Und Euros' Hand hat ausgegossen in den Schoß
der mütterlichen Erde alsogleich
der Morgenfrühe Perlen, die Dirheme hell
der Blumenkinder, so unendlich reich.

In seinen Mantel eingeschlagen stand der Berg;
des Flusses Arme schlangen sich um ihn,
da wo das Ufer einem Günstling gleicht,
der jäh und fest durch's graue Warten bricht.

Vom lieben Morgen löste sich der Wind;
der Höhe Pflanzenschöpfe und der feine Tau,
sie feuchteten der Bäume Wangen warm,
so wie ein Kuß von einer zarten Frau.

Es wanderte mein Blick; er teilte sich,
von eines Höhenrückens Schönheit fort
zu der der Taille einer Niederung,
und beide webten sich zu einem Ort.

O dort der Arāka, der wegen eines Täubchens sacht,
das in dem Augenblick, in dem Aurora scheu
des Tages Stirn dem Sonnenlicht erschloß,
zu singen anhob, unbekümmert frei,

neigt voller Freude seine schlanken Zweige tief;
das Vögelchen teilt oft den Mantel leicht,
den bunten Blumenmantel, den freigebig gern
der freundlich hohe Baum ihm zärtlich reicht.[50]

Auf solche Weise feierte das Wesen der Menschen das geheime Leben der Natur und gab sich ihm ohne jeden Rückhalt hin. Und wieder, wie bei fast allen Gedichten von Ibn Ḫafāǧa, hat man den Eindruck, daß sich sein Denken in ein arabeskes Bilderspiel verliert, welches ihm unendlich reich aus der Sprache zufließt. Über Anfang und Ende hinweg scheint es sich fort- und fortfädeln zu können, genauso wie der ornamentalen Arabeske vom bildnerischen Impetus her keine Grenzen gesetzt sind. Gewiß, das sprachliche Geflecht führt in die Tiefe, gewinnt Perspektive, öffnet Raum, während die ›geklöppelte‹ Arabeske an breiten Wandflächen, in Bogennischen, Jochen und Kuppeln, über Toren und Bögen die Fläche überbordend füllt, ohne der ›Tiefe‹, wie man sie in Malerei und Plastik seit dem frühen Hochmittelalter und der Renaissance versteht, Zugang zu öffnen... oder doch öffnet, wenn man den Schlüssel zu ihrem Geheimnis besitzt. Die geistige Quelle nämlich, aus der beide so rein hervorgingen, entsprang dem gleichen Grund, dem gleichen Ursprung, floß in den gleichen Freiraum islamischen Geistes und wurde zum immer gleich kostbaren Erbe.

Erbe aber – und das ist der Sinn dieses Satzes – kann nur wieder auf Erbe beruhen, und das geistige Erbe des Islam liegt – man muß es noch einmal wiederholen – allein und ausschließlich in dem, was man allgemein das Beduinische, das Nomadische genannt hat. Welchen Wert aber für den Menschen der Wüste die Oase besitzt, welche Vorstellung sie in ihm zu erwecken vermag, drückt – auf Andalusien übertragen – in allem zutreffend der Begriff ›Garten-Oase‹ aus, der ›jardin oasis‹, wo sich in die Stimmen des Wassers die Musik der Vögel und der Duft der Blumen mischen.[51]

Das alles aber könnte glauben machen, das maurische Andalusien sei ein einziger großer Garten gewesen, der alles aus sich heraus verschenkte und der den Menschen infolgedessen ohne Mühe sein ›müßiges‹ Leben in beständiger Gelassenheit und Ergebung leben ließ. Wäre das so gewesen, dann hätten die arabischen Dichter, die in so überaus einfühlsamer Weise ihr iberisches Gartenparadies priesen, nicht ebensosehr die großartige Technik der Hebewerke, der Noria, deren Wiege am mittleren Euphrat stand, der Berieselungsanlagen, der (wohl artesisch) heraufgeführten künstlichen Wasserläufe und Brunnenspiele besungen.

Nein, sie wurden nicht müde, das zu tun; und wie bei den natürlichen ›Wassern‹, bei den Blumen, Bäumen, den Bergen, dem Wind, dem Regen, der Sonne und dem Mond wurden sie häufig genug personifiziert, erhielten sie Leben, Wesen, Seele. Die Phantasie bemächtigte sich ihrer, doch die beduinisch-arabische Phantasie war nie von übersinnlicher Art.

Sie blieb an die Wirklichkeit gebunden; die Dinge gewannen Wert nur in bezug auf die unmittelbare Wirkung, die sie auf den Menschen hatten. Die Intuition als ahnendes Erfassen eines Geschehens, das sich von außerhalb des konkret erlebten Seins darstellt, diese Intuition, die das romantisch-sentimentalische Gefühl des Okzidents von Walther von der Vogelweide über die Romantik bis zu uns so oft lenkte, sie entsprach nicht dem arabischen Wesen, sie blieb ihm verschlossen. (Das Märchen ist persisch und somit – als indoiranisches Phänomen – dem Geist des Westens, seiner Literatur, seiner Kunst inhärent.)

Ein Blick auf die Wirtschaftskarte des maurischen Andalusien zeigt indessen, daß es nicht allein der ›Garten‹ des Landes war, der Schätze barg und gewährte. Der Boden hatte in Jahrmillionen wertvolle Erze gebildet: Blei, Kupfer, Silber, Zinn und auch Gold. Und in der Sierra Morena und der Sierra Nevada hatte sich unter gewaltigem Druck weißer Marmor metamorph eingesteint, so am

Oberlauf des Guadiana und nördlich von Almería. Am nordöstlichen Ufer des Guadalquivir lagerte Quecksilber in schier unerschöpflichen Adern.

Nach den Römern waren es nun die arabischen Eroberer, die den Abbau der ergiebigen Rohstoffvorkommen rege betrieben und – neben einer umfangreichen Ausfuhr – selbst eine prosperierende Fabrikation von Gebrauchs- und Luxusgütern unterhielten. Die Seidenraupe wurde gezüchtet, und kostbare, vielfarbige, in feinstem Dekor gewirkte Seidenstoffe fanden von Andalusien aus ihren Weg in die großen Städte und Paläste des ganzen dār al-islām und des westlichen Abendlandes.

Die Nutzung der südiberischen Bodenschätze reichte bis weit ins Altertum zurück; die Eisenwaffen der Keltiberer etwa waren einst weithin berühmt gewesen. Und das, was die arabischen Autoren über den Bergbau des Landes mitgeteilt haben, ist, wenn man es mit dem vergleicht, was die römischen Quellen zumal der Zeit des Späten Reiches darüber berichten, eher dürftig. Die Westgoten hatten dagegen keinen allzu großen Eifer gezeigt. Unter ihnen vollzog sich der ›Abbaurhythmus‹ wesentlich langsamer.

Die Muslime indessen zögerten nicht, die alten Anlagen zu übernehmen und auszubauen, wenn wohl auch feststehen mag, daß die mozarabisch-berberisch-romanische Landplebs und das bereits genannte städtische Proletariat die ›industrielle Klasse‹ der langen Jahrhunderte vom frühen 8. bis zum Ende des 15. gestellt hatten.

Sei es wie es ist: »Das spanische Gold fand sich fast ausschließlich in den ›goldtragenden Sanden‹ einiger Flüsse, so des Segre, der Lérida durcheilt, und des Darro, der sich bei Granada mit dem Genil vereint. Die hauptsächlichsten Eisengruben befanden sich in der Bergregion, die den Norden der Guadalquivirniederung zwischen Córdoba und Sevilla beherrscht: bei Constantina und Castillo del Hierro, dem alten Firrish... Das berühmte Zinnbergbaugebiet von Almadén, etwa 125 Kilometer nördlich von Córdoba, in der heutigen Provinz Ciudad-Real hat, wie Almada an der Tajomündung seinen arabischen Namen, der ja nichts weiter als ›Grube‹ – al-ma'din – bedeutet, bewahrt.«[52]

Steinbrüche, die die Quader für die Häuser und Prachtbauten der Städte lieferten, lassen sich im cordobanischen Bergland nachweisen und dienten – so bezeugen es die zeitgenössischen Darstellungen – in der Hauptsache der Errichtung von Madinat az-Zahrā'. Und außer dem weißen Marmor fand man um Granada roten und gelben Onyx, der, mit anderen wertvollen Edelsteinen, der Schmuck- und dekorativen Kunst Anregung bot und Betonung verlieh.

Das alles vermag natürlich kaum wiederzugeben, welch eine Betriebsamkeit den südlichen ›Halbmond‹, so müßte ihn eigentlich die politisch-historische Geographie nennen, beherrschte, der seinen Reichtum freigebig zum überreichen Geschenk anbot, wenn der Mensch nur Fleiß und Kunstfertigkeit aufbrachte.

Wenn wir an dieser Stelle noch einmal zu der ethnischen Quelle zurückkehren, die für Andalusien so folgenschwer sein sollte, dann mag auch hier gelten, daß sich die Genese des Islam in einem genau festliegenden »sozialen Rahmen vollzog, nämlich dem des Kontakts zwischen Nomaden und Seßhaften, ohne den sie sich nicht vorstellen läßt.«[53]

Und es ist in der Tat »der beständige Bevölkerungsüberschuß der Nomadengesellschaft, die regelmäßig, unablässig Menschen wie Heuschrecken her-

vorbringt, die diese überraschende Genese«, diese – so allein sollte man es betrachten – Entwicklung zum Einheitlichen des Gemeinbeduinischen der semitischen und auch der hamitischen Völkergruppe, die im Maghreb wie im Andalus verschmolzen, erst möglich gemacht und in sich begründet hat.

»Die lebenzeugende Kraft der Wüste ist außerordentlich groß; der Überschuß muß sich angesichts der Beschränkung, die die Umwelt auferlegt, schnell in die kultivierten Gebiete ausbreiten. Die Antriebskraft dieses ständigen demographischen Drucks ist in der Gesundheit des Nomadenlebens zu suchen, im harten, aber gesunden Klima der Wüste . . . Für diese in bestimmten Abständen entstehenden überschüssigen Gruppen wird die sehr viel weniger gesunde Gesellschaft der Städte meist zum Grab. Schon Ibn Ḫaldūn hatte die Bedeutung der Wüste als Quelle der physischen und moralischen Überlegenheit der Nomaden über die Seßhaften richtig gesehen. Nach ihm beruhte diese hauptsächlich auf drei Ursachen: der natürlichen Ernährung und der Mäßigung der Beduinen, der gesünderen Luft der Wüste . . . schließlich auf körperlicher Übung, da die Nomaden stets in Bewegung und Aktion sind.«[54]

Daß auch das städtische Leben und die bäuerliche Seßhaftigkeit einst aus der Wiege des Beduinischen kamen und beide Gesellschaftsformen sich jeweils dort vorübergehend oder dauerhaft verfestigten, wo es die bodenhaft-klimatischen, aber auch die politischen Bedingungen des jeweiligen Lebensraumes gestatteten, sollte es verbieten, von vornherein da von notwendigen Wirkungen zu sprechen, wo die Ursachen für sie noch nicht genug oder zu einseitig erörtert worden sind. Darauf wird im Zusammenhang mit der maurisch-arabischen Kunst zurückzukommen sein.

Hier indessen zeigt es sich, wie sich der Kreis schließt, der aus dem beduinischen Herzraum – der arabischen Halbinsel und Syrien – in die gesamte damalige Welt ausgriff, um endlich in sich zurückgebunden zu werden.

Die jetzt folgende Geschichte des maurischen Andalusien und seiner schönsten Kunstwerke, sei es der Architektur oder der Kleinkunst, die sich in Córdoba, Sevilla, Granada und Toledo entfaltete und von dort her ausstrahlte auf die Kunst des Okzidents, soll das Gemälde dieser Epoche des iberischen Südens zur lebendigen, vielgestaltigen, reich facettierten Vollendung führen.

Noch einmal spricht der Prophet. Die 27. Sure, die die rätselhafte Bezeichnung »Die Ameisen« trägt (59–64), weist auf das geoffenbarte Wort Allāhs hin, das dem muslimischen Menschen die Bindung an die Landschaft nahelegt, in der er seinen Geist entdecken mag, damit dieser aus einer lichtvollen Mitte heraus in einen Raum hinein keimen, wachsen und blühen kann, der übervoll ist von dem Licht, das durch die Zeiten wechselt. Dieser Prozeß enthüllt den inneren Sinn der durch die Taten der Menschen bestimmten ›faktischen‹ Geschichte, den Sinn einer Geschichte, in der ›sol y sombra‹, Licht und Schatten, Gut und Böse, Gewalt und Frieden, Konvergenzen und Divergenzen eingeschlossen sind, um gleichsam als Buch geöffnet zu werden, als das einzige Buch der Erkenntnis des Menschen in seiner jeweiligen Zeit, immer aber als er selbst:

Sag: Lob sei Gott
und Heil den Dienern, die er auserwählt.
Zieht allem Gott stets vor,

nicht, was der Glaubenslose ihm
an Göttern beigesellt.
Wer schuf denn sonst den Himmel
und das feste Land,
wer hat vom Himmel euch
das Wasser hergesandt?
Wir ließen damit wachsen
all eurer Gärten Pracht;
kein Baum darin kann werden
durch eure eigne Macht.
Kann neben Gott ein andrer Gott je sein?
Wohl nein!
Die meisten Menschen aber wissen nicht Bescheid;
wer, außer Gott, erhört den, der voll Not und Leid
sich betend zu ihm kehrt,
und macht, daß, was an Unheil je ihn traf,
nicht länger währt?
Und er ist es, der euch beschieden hat,
auf Erden da zu sein an alter Sippen Statt.
Kann neben Gott ein andrer Gott je sein?
Wie wenig geht euch diese Mahnung ein!
Die Menschen, die da sagen,
Gott sei den Göttern gleich,
verlassen so den rechten Weg
zu Gottes einem Reich.
Wer hat der Erde festen Grund gemacht,
die Flüsse fließen lassen,
die Berge angebracht
und zwischen allen Wassern
die ›Scheide‹ mit Bedacht?
Kann neben Gott ein andrer Gott je sein?
Indessen, nein!
Wer führt euch durch die Finsternis von Land und Meer
den einen rechten Weg, und schickt die Winde
kündend aus seiner Gnade her,
die euch den Regen bringt?
Kann neben Gott ein andrer als Gott sein?
Er ist einsam erhaben, und Gott ist groß allein!
Was die Ungläubigen ihm beigesellt:
das ist nicht seine Welt,
die er ein erstes Mal als seine Schöpfung schuf
und hier zum Sein gebracht
und bei der Auferweckung dort
im Jenseits dann zur neuen Schöpfung macht.
Wer außer ihm sorgt sich vom Himmel,
von der Erde her um euren Unterhalt?
Ist neben Gott ein andrer Gott wohl je?
Bringt den Beweis, daß man die Wahrheit seh'!

Von der Razzia zum Reich oder Ṭāriq ibn Zijād auf dem Weg zu Boabdīl

Die Islamisierung Iberiens scheint sich nach einer inneren Gesetzmäßigkeit und mit der Notwendigkeit fortentwickelt zu haben, die der historische Zufall so oft zur Richtungsänderung der vorausgedachten und im Vorgriff bereits ›gemachten‹ Bestimmung bereithält. Denn im Verlauf der Zeit sollte es sich zeigen, daß der Islam sich seinem Wesen und seiner Herkunft entsprechend selbst die Grenzen setzte, die das Wort des Muḥammad ibn 'Abdallāh nicht gesetzt hatte noch setzen wollte. Die geistig-religiöse Verbindlichkeit dieses Wortes nämlich schien plötzlich da aufgehoben, wo der Gedanke der Einheit hinter Stammeszwietracht und der aus ihr folgenden Zersplitterung verblaßte und schließlich ganz aufgegeben wurde – scheinbar grundlos, doch unaufhaltsam und ohne Renaissance.

Dieser Prozeß verlangt es, einige Gedanken über Notwendigkeit und Zufall des Geschichtlichen zu verfolgen. Immer dort nämlich, wo Geschichte sich ereignet, stellt sich alsbald die Frage nach der durch vorgegebene Kausalitäten bedingten Wirkung eines Ereignisses oder einer Ereigniskette.

Eine solche Kausalität aber war für die Entwicklung des Islam und der umma Muḥammadijja in der frühmittelalterlichen Welt gegeben: Das allmählich verfallende byzantinische Kaisertum einerseits und das aus dem maroden Merowinger- und Gotentum hervorgehende und sich überlebende Reich Karls des Großen andererseits schienen – als statisches, bzw. dynamisches Moment – den Gang der orientalisch-okzidentalen Geschichte zu bestimmen. Das heißt, daß das alte, hieratisch erstarrte, doch politisch noch nicht unbewegliche byzantinische Imperium, dessen Träger sich mit der Pracht ihrer sakralen und profanen Bauwerke und mit ihrer Lebensweise in kolossaler Selbstüberhöhung fast Gottesebenbildlichkeit zuerkannt hatten, – daß dieses Spätphasenreich dem Druck des welterobernd unbekümmert ausgreifenden Islam in seinen Grenzregionen nichts entgegenzusetzen hatte.

Die Karolinger und Ottonen hingegen waren zu sehr mit den ihnen von innen her widerstrebenden Kräften beschäftigt, um dem Islam gezielt und dauerhaft entgegentreten zu können. Im Grunde gelang ihnen das, wie wir wissen, nie, auch nicht, als Karl Martell – der Großvater des Reichseinigers aus dem Hause der Arnulfinger – die islamische Expansion 733 bei Poitiers mit Glück und Entschiedenheit in ihre Grenzen wies, welche danach wieder jenseits der Pyrenäen verliefen. Denn: »Dieser Rückschlag mag vom europäischen Standpunkt aus wichtig gewesen sein, für den muslimischen Zeitgenossen aber, der wohl keinen master plan durch ihn gefährdet sah, hatte er keine weitere Bedeutung.«[55]

Für die Muslime war der Vorstoß hinter die bei Narbonne umgangenen Pyrenäen lediglich eine ›Razzia‹, ein spontaner Beutezug, und nicht etwa eine Offensive, die das Feldzeichen der umma auch im Norden zum Sieg des Glaubens unter Allāh tragen sollte. Ein ausgereifter strategischer Plan stand auf keinen Fall Pate bei diesem Abenteuer, das aber immerhin – von 720 bis 759 – Narbonne selbst der maurischen Herrschaft unterstellte.

Die Kraft der arianischen Westgoten – seit rund zwei Jahrhunderten die Herren des Landes – war aus verschiedenen Gründen überaltert und verbraucht, als die Araber den Islam nach Iberien brachten. Die Ursachen lagen in inneren Auseinandersetzungen, in einer egozentrischen Politik der Herrscher und in einem nationalen Chauvinismus, dem eine wirkliche Einheit, wie sie der

Staatsbegriff der Römer einst für das Imperium verbürgt hatte, zuwider war, und der nicht zuließ, daß die Goten sich mit dem eroberten Land ›vermählten‹.

Der Hauptgrund für die völlig fehlende Widerstandskraft gegenüber den eindringenden Muslimen dürfte aber darin gelegen haben, daß die romanisch-iberische Altbevölkerung – mit der sich immerhin die niederen Schichten der Westgoten aus Überlebensgründen verschmolzen hatten – gegen das fremde Regiment aufbegehrte.

Die gotischen Herren besaßen damit keinen Rückhalt mehr, weder im zum orthodoxen Christentum zurückgekehrten Adel, nicht in den zahlreichen, sehr lebendigen jüdischen Gemeinden, noch in der autochthonen Masse der bäuerlichen Berbernachkommen in den Bergregionen. Ṭāriq ibn Zijād und Mūsā ibn Nusair fiel das Land zu wie eine reife Frucht, ja, sie wurde ihnen gleichsam auf goldenem Teller dargebracht, denn – seltsam genug – den Arabern verweigerten sich die Westgoten nicht; ihnen verheirateten sie bald ihre Töchter, die sie zuvor dem Land und seinen Menschen vorenthalten hatten – um dann endgültig und fast spurenlos aufgesaugt und ausgelöscht zu werden.

Die geschichtlichen Kräfte der ›Beharrung‹, die im großen historischen Strom jede Bewegung, wo immer sie sich ereignen und wie stark sie auch je sein mochte, in ihren Wirkungen – mächtig oder schwach – bewahren, schienen sich bei ihnen in einer ganz trägen, ebbehaften Erinnerung verloren zu haben, so daß bald nichts mehr von ihrer Vergangenheit kündete, weder kulturell noch politisch, mochte auch das gotische Junkertum in Sevilla noch eine Weile überdauern.

Die verändernde Kraft des Islam dagegen – und das führt uns zu den in der Überschrift angedeuteten Gesetzmäßigkeiten historischen Geschehens zurück – erwies sich als so stark, daß sie weit über das Jahr 1492 hinaus ihren Impetus, ihre Wirkung, ihre überall offenbare Gegenwärtigkeit in Andalusien bewahrt hat. Diese langlebige Präsenz wurde auch dadurch nicht beseitigt bzw. verhindert, daß die katholischen Könige Spaniens sich zu Beginn des 17. Jahrhunderts darum bemühten, die arabo-andalusische Minorität – sofern man von einer solchen überhaupt noch sprechen konnte – in einem letzten Vertreibungsprozeß von iberischem Boden zu verbannen. Das geschichtlich so lebenspralle Maurentum entfaltete bald darauf im Maghreb eine neue Blüte, und in der reinen Geistigkeit Andalusiens, seiner Musik, seiner Literatur und auch seiner Menschen hat sich seine tiefe Wirkung unverändert behauptet, als sei sie eine nie verebbende Flut.

Politisch jedoch lag im ersten Schritt, den Ṭāriq auf iberischen Boden machte, bereits der Anfang des Endes angelegt, das nach 800 Jahren zum größten Teil glänzender Herrschaft kommen mußte. Denn indem die muslimischen Stammesführer an ihrem beduinischen Ursprung festhielten und die selbstzerstörerischen Stammesfehden auch in der neuen Heimat fortführten, legten sie den Grundstein für ihren Niedergang.

So ist denn auch die These, daß es hauptsächlich die Berge und der ›romanische‹ Widerstand gewesen seien, die den Islam aus Al-Andalus hinaustrieben, zumindest fragwürdig. In seinem altorientalischen Erbe nämlich ruhte der Keim, der schließlich den Untergang des Islam im westlichen Abendland heraufnötigte, und zwei – nur scheinbar sich ausschließende – Momente machten ihn aus: Auf der einen Seite die beduinische Toleranz und Gastfreundlichkeit, auf der anderen der familial-stammeshafte Egoismus und Zwist – wobei das eine das andere ergänzte und verstärkte.

Toleranz und Feudalegoismus verhinderten zudem den Blick auf die gewaltigen Kräfte, die ein in der Staatsmacht allein verkörperter Zentralismus – wie etwa unter Isabella von Kastilien und Ferdinand von Aragon – entwickelte, wenn er, seinem Wesen nach geradezu notgedrungen, mit (häufig) brutaler Härte und entschlossener Unduldsamkeit wirklichen oder vermeintlichen Widersachern gegenübertrat. Das aktiv drängende christliche ›Tun‹ überwand so schließlich den passiven islamischen Verinnerlichungsglauben, der den gelassenen Gleichmut zu tödlicher Ergebung und lähmender Selbstaufgabe transformierte und ihn damit vernichtete.

Die Annahme, daß es die »natürlichen Hindernisse, daß es Klima und Relief« gewesen seien, die letztendlich den islamischen Übergriff auf Europa abwiesen, ja daß sogar »die nordafrikanischen Gebirgsbewohner, die zwar ins Hochland der Meseta vordrangen, im atlantischen Teil Spaniens indes nie heimisch werden konnten«, an der späten Niederlage des Islam im Andalus die Schuld trügen, steht schon darum auf tönernen Füßen, weil auch die einheimische Bevölkerung des Landes schon semitisches Blut in sich trug, das von den Urberbern über die Altiberer auf die Phönizier bzw. Karthager zurückging. Und diese Annahme widerspricht sich sogar selbst, wenn sie als Rechtfertigung die folgende Begründung zur Doktrin erhebt:

»Die große Wirkung der islamischen Religion als soziokulturelles agens und der außerordentliche Konservatismus der Halbinsel in geistigen und materiellen Dingen, der verständlich macht, warum die ihr aufgeprägten Züge sich so lange behaupteten, lassen die Macht des islamischen Einflusses abschätzen, der ohne Zweifel gewaltig war. Im ganzen südlichen Spanien waren sogar die ländlichen Gebiete stark islamisiert worden; es gab dort keinen christlichen Widerstand; die Mozaraber waren hauptsächlich städtische Gemeinden. Allerdings ist festzustellen, daß der Islam das Bauerntum der Halbinsel nur in den Ebenen mit subtropischem Klima und Bewässerungsfeldbau im Süden und Südosten wirklich verändert zu haben scheint. Auf dem Hochland, in den Bergregionen und in den Gebieten des Regenfeldbaus auf dem Hochplateau war dagegen der islamische Einfluß viel schwächer. Die rauhen berberischen Bauern, die sich dort niederließen, hatten sicher nur einen recht geringen kulturellen Einfluß.«[56]

Natürlich waren auch geographische Bedingungen für die historische Entwicklung mitbestimmend, doch entscheidend waren sie in Iberien nicht, mochten die arabischen Herren auch in der Bergwelt genausowenig heimisch werden, wie vor ihnen der römische und gotische Adel. Daß berberisches Erbe dennoch bis in die Grenzausläufer der Pyrenäen reicht, läßt sich an mehr als nur einer äußerlichen Gegebenheit nachweisen, selbst wenn man die Theorie, nach der die Basken uriberischer Herkunft seien, zugunsten der von der ›pyrenäischen Steinzeitabkunft‹ aufzugeben bereit ist. Auch sie ist in sich nicht ganz schlüssig und wird wahrscheinlich vor allem auf linguistisch-analytischem Gebiet noch zu einem Umdenken Anlaß geben.[57]

Zu dem ›inneren‹ Grund – der beduinischen Mentalität –, der zum Untergang des Islam in Spanien führte, kam als äußerliche, geopolitische Ursache die räumliche Isolation und mit ihr der Verlust des Bewußtseins der arabischen

Einheit, die im córdobanischen Kalifat ihren eindeutigsten und dauerhaftesten Ausdruck gefunden hatte. Der beduinische Urtrieb, der auch in der engen Verbindung mit dem ›berberisch-semitischen Romanentum‹ seine Auf-sich-Bezogenheit nicht verlor, sowie das Fehlen bzw. der Verlust des einigenden Staatsgedankens, der den muslimischen Welteroberern einst im Koran vorgeschrieben worden war, führten kausal zum schließlichen Triumph des Kreuzes über den Halbmond.

Als der feudalistische Stammesegoismus dazu geführt hatte, daß jeder Kleinfürst sich den Kalifentitel zulegte, war der Islam nicht nur in Spanien als politische Kraft erschöpft. Der Verfall stellte sich genauso in Damaskus und Bagdad ein (wo sich das osmanische Reich noch eine Weile ›resthaft‹ erhalten konnte) wie in Córdoba, das 1236 an die – vor allem von der kastilischen Krone verkörperte – Reconquista zurückfiel, und schließlich auch in Granada, das Muḥammad Abū 'Abd Allāh – jener Bu 'Abdillah oder Boabdīl der Geschichte – 1492 verlassen mußte.

Vor diesem Hintergrund läßt sich nun die maurische Geschichte Spaniens, respektive Andalusiens, schnell und skeletthaft darstellen. Skeletthaft deshalb, weil eine Gesamtdarstellung, die sich um alle Facetten und Nuancen bemühen wollte, leicht mehrere Bände füllte, wie Lévi-Provençal es auf der Grundlage von Dozy gezeigt hat.

Der aus einem spanischen Geschlecht stammende arabische Historiker Ibn Ḫaldūn, der eigentlich als erster den geschichtlichen Ablauf philosophisch bestimmt hat, drückt dieses Prinzip unübertrefflich so aus: »Weise und Nichtweise schätzen die Geschichte gleichermaßen, da sie von außen gesehen nichts anderes ist als Erzählungen, die berichten, wie äußere Umstände die Angelegenheiten der Menschen umstürzen, aber ihrem inneren Wesen nach schließt sie genaue Erkenntnis der Gründe und des Ursprungs aller Erscheinungen ein. Aus diesem Grunde baut sie auf die Philosophie auf und ist tief in ihr verwurzelt, so daß sie es verdient, unter deren Zweige gerechnet zu werden. In ihren verschiedenen Formen zeigt die menschliche Gesellschaft gewisse inhärente Züge, nach denen alle Erzählungen geprüft werden müssen . . . Der Historiker, der allein auf Tradition sich stützt und kein in die Tiefe gehendes Verständnis der den normalen Ablauf der Ereignisse beherrschenden Prinzipien, der grundlegenden Regeln, der Kunst zu regieren, des Wesens der Kultur und der Eigenheiten der menschlichen Gesellschaft hat, ist selten gegen ein Abirren vom Wege der Wahrheit gesichert. Alle traditionellen Erzählungen müssen stets auf die allgemeinen Prinzipien zurückgeführt und anhand der grundlegenden Regeln geprüft werden.«[58]

Diesen Gedanken fühlt sich der folgende, im wesentlichen auf arabischen Quellen fußende historische Aufriß verpflichtet. Schlüssel zu ihm ist die Kapitulationsurkunde, die Teodomiro, der Statthalter von Orihuela und sechs weiteren Städten, im Jahre 773 unter dem Diktat von 'Abd al-Aziz, dem Sohn von Mūsā ibn Nusair, unterschrieb. Dieses Dokument ist das älteste der islamischen Geschichte Spaniens, und man hat es viel zu wenig in seiner einzigartigen Bedeutung für die Bestimmung des gesellschaftlich-kulturellen Hintergrundes der arabischen Epoche Andalusiens beachtet und gewürdigt:

»Im Namen Gottes, des gnädigen und barmherzigen. Geschrieben und ausgefertigt von 'Abd al-Azīz ibn Mūsā ibn Nusair an Teodomiro ibn Gobdux. –

Daß jener sich vertraglich verpflichtet und der Kapitulation unterwirft, indem er sich zugleich unter den Schutz und in die Klientel Allāhs und seines Propheten (dem Allāh Glanz und Gnade verliehen hat) stellt, unter der Zusicherung, daß ihm keine Gewalt angetan wird, weder ihm noch den Seinen, und daß sie weder getötet noch gefangengenommen werden; keiner vom anderen, weder von seinen Kindern noch seinen Frauen getrennt noch wegen seiner Religion verfolgt wird; seine Kirchen nicht verbrannt werden, noch er seiner Herrschaft verlustig geht, wenn er treu und gewissenhaft das erfüllt, was wir mit ihm vereinbart haben: daß (nämlich) seine Kapitulation sich auf sieben Städte erstreckt, als da sind Orihuela, Valentila, Alicante, Mula, Bigastro, Eyyo und Lorca; daß er Deserteuren und Feinden kein Asyl gewährt; daß er auf niemanden Druck ausübet, der unter unserem Schutz steht; daß er keinerlei Hinweise auf Feinde, die sich absetzen, zurückhält. Schließlich, daß er und die Seinen jährlich einen Dinar zahlen und vier Maß Weizen, vier Maß Gerste, vier Krug (Zucker-)sirup, vier Krug Essig, zwei Krug Honig und zwei Krug Öl, die Dienerschaft jeweils aber nur die Hälfte davon, entrichten. Das haben als Zeugen unterzeichnet Uthman ben Abi Abda al-Quraixi und Habib ben Abi Ubaida al-Fihri und Abad Allah en Maisara al-Fahtimi und Abu-l-Qasim al-Udhaili. – Geschrieben am vierten des Monats Rağab im Jahre 94 H. (entsprechend dem 5. April 773 n. Chr.).«

Vor allem die höchst aufschlußreichen, sich gegenseitig bestimmenden sozialen und kulturellen Aspekte dieses Dokuments sind weitgehend übersehen worden. Dabei liefert die Urkunde einen ersten, ja, den maßgeblichen Hinweis darauf, wo einerseits der spontane und gewaltige Erfolg des Islam in Spanien seine Begründung hat und wo sich andererseits bereits zu Beginn der 800jährigen Herrschaft der noch ferne Verlust des Landes abzeichnet.

Es waren die große Nachsicht, die offen gewährte Duldung persönlicher Adelsmacht und religiöser Freiheit sowie die im Schutz Allāhs garantierte Unantastbarkeit alter Rechte und ›persönlicher Würde‹, in denen sich die Niederlage vorwegnahm. Denn all das waren Zugeständnisse, die in ihrer ritterlichen Offenheit und hochherzigen Unbedingtheit dem damaligen Abendland fremd und unverständlich waren. Diese Toleranz kennzeichnete von nun an für viele Jahrzehnte das bunte, sowohl kampferfüllte als auch fromme Leben der muslimischen Herrschaft in Andalusien, wovon Literatur, Kunst und Wissenschaft beredte und bleibende Zeugnisse hinterlassen haben. Im Austausch der geistigen Kräfte, die einander nicht selten zu widersprechen schienen, wuchs die maurische Baukunst ebenso zu Reife und Vollendung wie die Lyrik, die Philosophie, die Dekorkunst und Kalligraphie, das Hand- und Kunsthandwerk, die Medizin, die Astronomie und die malekitische Rechtsschule, die der spekulativen Theologie so oft ihre Grenzen aufzeigte.

Und wenn zuvor der Begriff der Würde in Anführungszeichen gesetzt wurde, so allein, um deutlich zu machen, daß es ungerecht und historisch geradezu vermessen leichtsinnig erscheint, wenn über die Zeit vor der muslimischen Eroberung gesagt wird, daß »durch Jahrhunderte hindurch nördliche Barbarei südlichem Glanz gegenübergestanden« habe und diese Feststellung keinen Zweifel aufkommen lasse.

»Dennoch gerann in diesem barbarisch-christlichen Spanien, schneller noch als in dem übrigen Abendland, von dem es ab initio ein Teil war und als dessen

Rundschild und Meister es dienen sollte, eine Gesellschaft, die sich auf eine Einschränkung der Macht der zentralen Staatsorgane und auf eine allmähliche Bejahung und Anerkennung der menschlichen Würde gründete – zwei Wesenszüge des gesellschaftlichen und politischen Miteinanderlebens, die dem islamischen Spanien unbekannt waren. Lichter, schöne Formen, Dichtungen, philosophische und wissenschaftliche Schöpfungen im muslimischen Spanien... Aber wenn es nicht besiegt und von spanischem Boden hinausgedrängt worden wäre, würde es ein bloßer Kadaver der islamischen Welt geworden sein, die erst heute damit beginnt, aus ihrer jahrtausendealten Lethargie zu erwachen.«[59]

Nein, der Entwicklungsprozeß hin zu dem, was ›persönliche Würde‹ nicht nur im unmittelbar-wörtlichen, sondern im übergeordnet-begrifflichen Sinn meint – nämlich die Bewahrung der achtunggebietenden Freiheit des Ich, die lediglich unter dem Gesetz des Glaubens und in der Gnade der Großmut ›vergesellschaftet‹ oder, besser, ›veräußerlicht‹ wird –, dieser Prozeß war kein abendländischer Beitrag zur Geschichte. Er war beduinisch-islamisches Lebensprinzip und Handlungsanweisung, wie sie der Koran an so vielen Stellen, in so mannigfachen Bezügen herausgestellt und verbindlich gemacht hat.

›Dignität‹, die menschliche Würde schlechthin, folgt dem Prinzip, nach dem ein menschliches Wesen so behandelt wird, als sei es in sich selbst Ziel und Ende, und »alle menschliche Würde drückt sich in dem Gedanken aus, der sie wirksam macht«, schrieb Pascal. Und Pierre Loti sprach davon, daß es oftmals die stolze Würde sei, die ehrenhaft erhalte, doch nicht selten einsam mache. Diese Züge aber lagen der muslimischen Geisteshaltung in Andalusien gleichsam als Nährboden zugrunde und bestimmten damit auch die Haltung vieler Großer des Kalifats und der nachkalifalen Epoche bis hin zu Boabdīl.

Die mit inneren Spannungen und Kämpfen durchsetzte islamische Epoche der andalusischen Geschichte begann am 28. April 711 unter Ṭāriq, nachdem wahrscheinlich schon im Juli 710 von Tarif ibn Malluk Streifzüge über die Meerenge hinaus unternommen worden waren. Gemessen nur an den politischen und militärischen Ergebnissen und ihrem Zustandekommen scheint in dieser Epoche die gleiche Schonungslosigkeit und Rigorosität auf, wie Machiavelli sie 1513 in seiner »Wegweisung zum erfolgreichen Despoten« empfahl. Tatsächlich wurden in Spanien das christliche Spätmittelalter und die Renaissance im Wesentlichen vorweggenommen, bzw. parallel begleitet, sofern man an die lange Agonie vom 11. Jahrhundert bis zum Jahr 1606 denkt, in welchem die letzten ›moriscos‹ Iberien verlassen mußten.

Es ist nichts wesentlich Orientalisches, daß da, wo persönliche Macht sich zu schrankenloser Herrschaft ausweiten will, Rücksichtnahme, Vertrauen, Zuneigung, Freundschaft und Liebe sich oft in ihr jeweiliges Gegenteil verkehren. Dieser Effekt wird überall dort noch verstärkt, wo Familien- oder Stammesinteressen – und damit Trennung, Zersplitterung, Zwietracht – vor die Einheit gesetzt werden, wie es im Italien der Renaissance mit seinen fürstlichen Kleindespotien, kirchlichen Gewaltherren und republikanischen Senatsmonarchien war oder eben im islamischen Andalusien mit seinen blutigen ›clanfeuds‹, mit seinem hemmungslosen Stammesfeudalismus. Dabei ruft eine – zunächst im gemeinsamen Interesse vollbrachte – große politische Tat sofort den nicht minder großen Neid anderer auf den Plan und läßt das eine und einigende Ziel vergessen – im Fall der Muslime die Verkündigung des rechten Glaubens im Willen Allāhs.

Kein Wunder also, daß Ibn al-Ḫaṭīb in seinem berühmten Buch »Die Taten der Tüchtigen (lobesam)/über jeden König des Islam,/der vor der Reife die Huldigung annahm« (Hoenerbach) ein Bild zeichnet, das, wie es Wilhelm Hoenerbach sehr richtig aufzeigte, in allem dem gleichkommt, was Jakob Burckhardt in seinem großen Werk »Die Kultur der Renaissance in Italien« (1860) dargestellt hat.

Die Zeit der Umajjaden-Kalifen (755–1031) macht allerdings bei Ibn al Ḫaṭīb eine Ausnahme, denn die Herrscher dieser Epoche waren zwar ebenfalls machtvoll-rücksichtslos, doch war ihre Regierung gleichfalls geprägt von persönlicher Souveränität gepaart mit geistig-religiöser Integrität – selbst wenn man nicht in all ihren Taten, Urteilen und Wegen die Moral als sittlichen Handlungsgrund ausmachen kann. Ihre Moral war, wie die der Renaissancefürsten und überhaupt aller, zumal theokratischer Alleinherrscher, eine Moral ›sans obligation ni sanction‹, wie es Guyau genannt hat, also verpflichtungs- und rechenschaftslos. Damit folgte sie nicht der christlich verstandenen Moral als der ›science de l'ordre idéal de la vie‹ (Frédéric Rauh), die mithin das Ideal des Lebens allgemein in der Moral als dem Endzweck der Wissenschaft erkannte.

Die Umajjaden-Herrscher zahlten dafür den Preis der Einsamkeit, denn inmitten einer Welt der Intrige, des Haders, des feudalistischen Eigennutzes, der ethnisch einander Befehdenden, waren sie gehalten, den Gedanken der Einheit von weltlicher Macht und religiösem Glauben unter dem weißen Banner ihrer syrischen Vorfahren gegen alle Widrigkeiten zu behaupten.

Viele Quellen über den Beginn der Eroberung Iberiens gehören in den Bereich der Legende, doch auch sie ist zu einem historischen Erkenntnisborn par excellence geworden, und so lassen sich auf ihrer Grundlage einige geschichtliche Entwicklungslinien als relevant ausmachen.

Zu Anfang steht der westgotische Graf Julian, dem der afrikanische Vorposten seines Reichs, Ceuta, gegenüber von Algeciras, über das er ebenfalls die Hoheit ausübte, als Gouverneur unterstellt war. Während er an der nordafrikanischen Küste den muslimischen Vorstoß unter Mūsā ibn Nusair mit seinen von Spanien aus verstärkten Truppen aufhielt, setzte in Toledo Roderich seine Wahl zum König und Nachfolger des im Kampf gegen Mūsā gefallenen Gaitixa durch. Das war durchaus ein usurpatorischer Akt, denn die Söhne und rechtmäßigen Nachfolger von Gaitixa, Abba und Sisberto, wurden dabei übergangen.

Es war damals im Gotenreich üblich, daß die Abkömmlinge der vornehmen Adelsgeschlechter bis zur Ehefähigkeit in der Hauptstadt, in der Nähe und zu Diensten ihres Königs ausgebildet wurden, der sie sodann, mit allen Gütern ausgestattet, die ihnen materielle Sicherheit und persönliche Souveränität gewährten, verheiratete.

Die Legende berichtet nun, daß Roderich sich in die Tochter des Julian verliebte und ihr Gewalt antat, kaum daß er die Macht im Reich auf sich vereint hatte. Als Julian davon erfuhr, soll er ausgerufen haben: »Beim Glauben an den Messias, ich werde sein Reich stürzen und unter seinen Füßen eine Kluft aufreißen!«[60]

Fortsetzung des Textes auf Seite 97

Granada

20 Blick vom Generalife auf die Dächer der Alhambra und weiter über die Vega
21 Panorama der Alhambra mit Sierra Nevada
22 Blick in den Löwenhof von der Sala de las Dos Hermanas (Patio de los Leones)
23 Löwenbrunnen in der Alhambra mit 12 stilisierten Löwen und einem Gedicht Ibn Zamraks
24 Wabenkuppel über der Sala de las Dos Hermanas (Saal der zwei Schwestern), genannt nach 2 großen Marmorplatten im Boden
25 Patio del Mexuar. Fachada de Comares
26 Sala de los Reyes mit Blick in den Löwenhof
27 Sala de los Embajadores (Gesandtensaal) mit Blick auf den Albaicín, die Altstadt von Granada
28 Sala de las Dos Hermanas bei Nacht mit Blick auf Löwenbrunnen und Sala de los Abencerrajes
29 Blick vom Mirador de Lindaraja auf Patio de Lindaraja mit Fuente
30 Der Blick von der Sala de las Dos Hermanas geht durch die Sala de los Ajimeces in den Mirador de Lindaraja
31 In der Sala de las Dos Hermanas sind alle Wände ausgeschmückt mit Gedichten Ibn Zamraks, des Großwesirs Mohammed V.
32 Fensternische in der Sala de los Embajadores, dem Gesandtensaal, gegen den Tocador de la Reina
33 Blick in den Myrtenhof. In dem großen Bassin mit Goldfischen sind zwei Quellen; trotzdem trübt keine Bewegung die reine Spiegelung des Wassers
34 Blick in den Patio de Los Leones aus dem Stalaktitensaal – Sala de los Mocárabes
35 Detail des Löwenbrunnens
36 Torre del Homenaje mit Blick auf Albaicín und Sierra Elvira
37 Die Säulen des Löwenhofes im frühen Morgenlicht
38 Myrtenhof bei Nacht mit der Torre de Comares
39 Großes Badebecken im Königlichen Palast mit sternenförmigen Öffnungen für den Dampfabzug

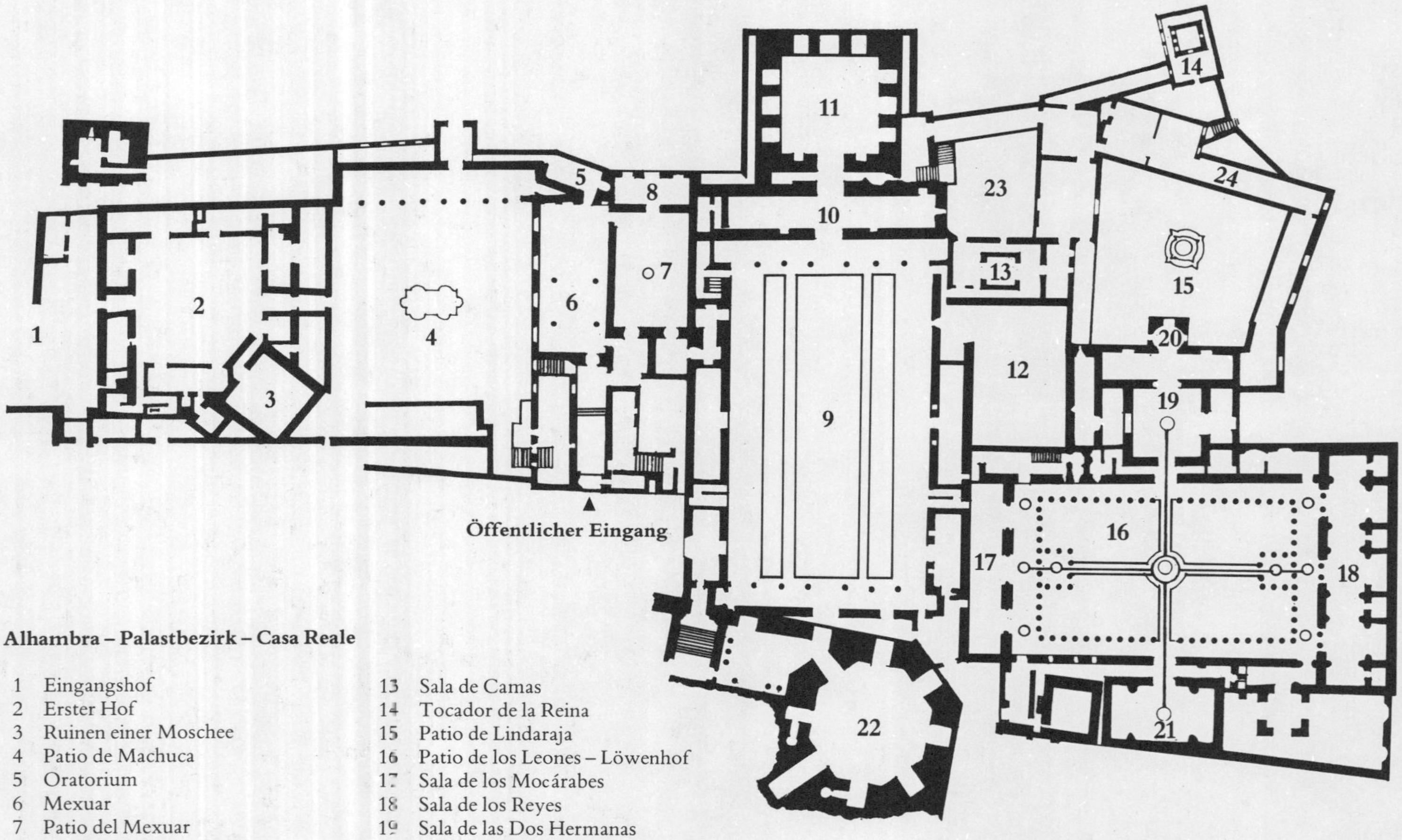

Alhambra – Palastbezirk – Casa Reale

1 Eingangshof
2 Erster Hof
3 Ruinen einer Moschee
4 Patio de Machuca
5 Oratorium
6 Mexuar
7 Patio del Mexuar
8 Cuarto Dorado
9 Myrtenhof – Patio de los Arrayanes
10 Sala de la Barca
11 Sala de los Embajadores
12 Baños
13 Sala de Camas
14 Tocador de la Reina
15 Patio de Lindaraja
16 Patio de los Leones – Löwenhof
17 Sala de los Mocárabes
18 Sala de los Reyes
19 Sala de las Dos Hermanas
20 Mirador Lindaraja (Daraxa)
21 Sala de los Abencerrajes
22 Kapelle des Palastes Karls V.
23 Patio de los Cipreses oder Patio de la Reja
24 Departamentos Karls V.

23

27

28 ▷

29

30 ▷

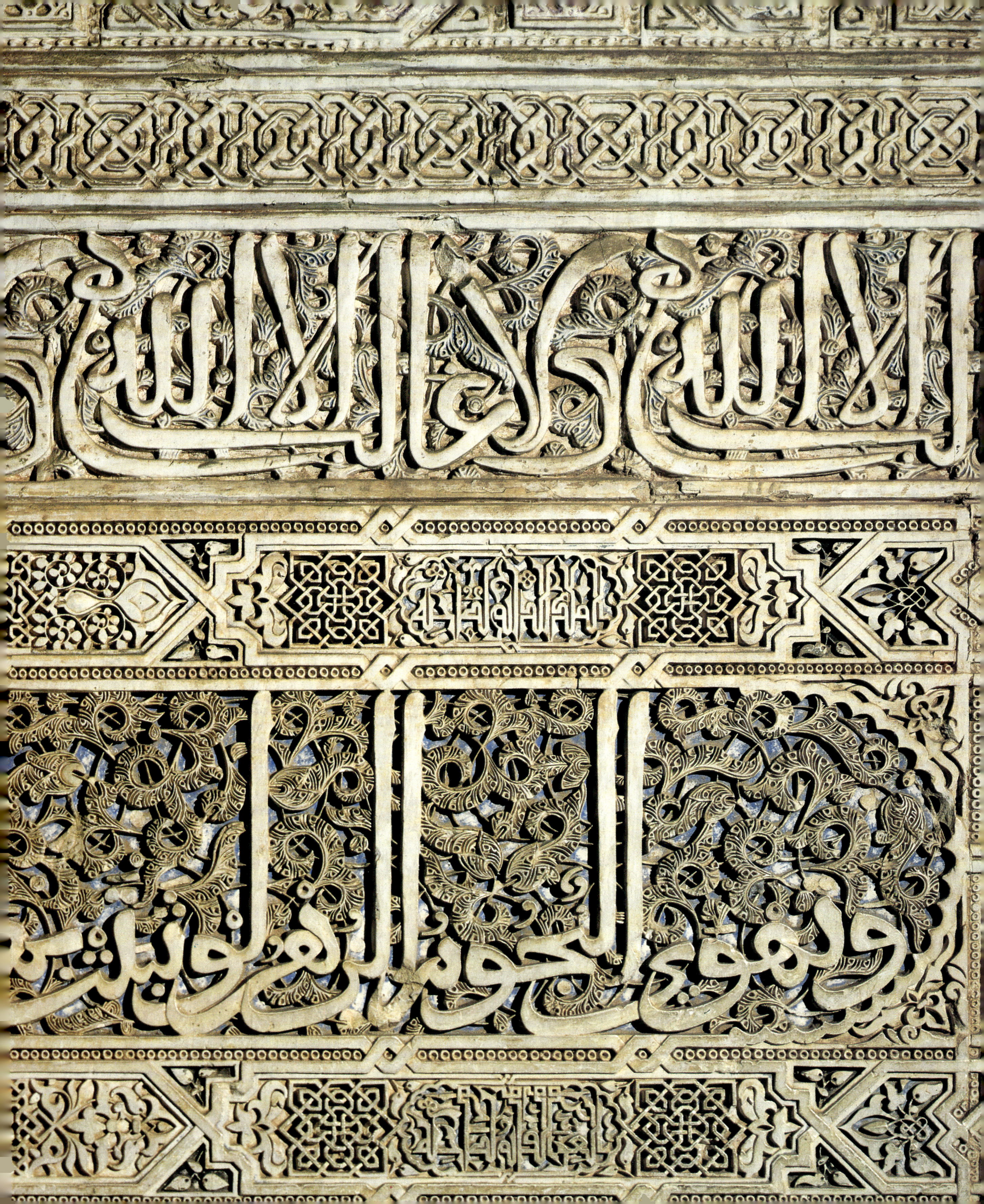

33

◁ 31

◁ 32

◁ 36
37

Konsequent bot er Mūsā die Kapitulation an und entwickelte gemeinsam mit ihm den Plan, Spanien zu erobern. Mūsā seinerseits gab davon dem Kalifen al-Walīd ibn 'Abd al-Malik, Walīd I. (705–715), Kenntnis, der den Plan unter der Voraussetzung guthieß, daß zunächst eine Erkundung durchzuführen und zu prüfen sei, ob das Meer das Vorhaben nicht vereiteln könne. Mūsā wies ihn darauf hin, daß man von Ceuta aus die spanische Küste über eine schmale Enge hinweg sehen könne, und beauftragte einen Freigelassenen des Walīd, Tarif abu-Zarah, mit einem ersten Vorstoß.

Mit 400 Mann, darunter 100 Reitern, setzte dieser im Jahre 91 H. (710) über und besetzte, ohne daß er nennenswerten Widerstand gefunden hätte, die Grüne Insel, die damals den Namen Insel des Andalus trug. Ungehindert eroberte er im Ramadan (Juli) des gleichen Jahres Algeciras, wo »er so viele Gefangene machte, wie sie zuvor weder Mūsā noch seine Gefolgsleute je gesehen hatten. Dazu machte er reiche Beute und kehrte wohlbehalten und herzlich willkommen geheißen nach Ifrīqija zurück.«[61]

Diese ›Razzia‹ war das Zeichen zu einer umfassenden und eindeutigen Eroberungsaktion, denn nunmehr beauftragte Mūsā den halbfreien Berber Ṭāriq ibn Zijād, der nach anderen Mitteilungen Perser aus Hamadan oder Freier aus dem Stamme Sadif gewesen sein soll, damit, al-Andalus anzugreifen. Dieser setzte vom 29. Oktober 710 bis zum 18. Oktober 711 auf vier Fährschiffen, den einzigen, über die Mūsā verfügte, seine Armee über, die er in einer Bergfeste nahe dem Meer sammelte. Gibraltar hatte er schon gleich zu Beginn genommen, und seither trägt der berühmte Felsen (Ǧabal al-Ṭāriq) seinen Namen.

Seine Armee soll 7000 Mann Fußvolk und Reiterei stark gewesen sein, zumeist Berber und Freigelassene und nur wenige Araber. Dann brach der Heerführer nach Algeciras auf und marschierte von dort aus nach Ecija, dessen Bevölkerung harten Widerstand leistete, aber dennoch schnell bezwungen war, denn »Gott lieh Ṭāriq schließlich seine Hilfe, und die Polytheisten wurden zersprengt, so daß die Muslime nirgendwo mehr auf so harte Gegenwehr trafen«.[62]

Nunmehr, so der Bericht, ging Julian zu Ṭāriq und sagte zu ihm: »Schon hast du Spanien überwunden. Teile jetzt dein Heer, dem meine Gefährten als Führer dienen, und wende du dich nach Toledo.« Ṭāriq kam der Aufforderung nach und beorderte Mugaith al-Rumi, einen Freigelassenen des al-Wālīd ibn 'Abd al-Malik, nach Córdoba, das schon damals eine der bedeutendsten Städte Andalusiens war. Eine andere Gruppe sandte er nach Rayya und eine dritte nach Granada, der Hauptstadt der Provinz Elvira. Er selbst wandte sich mit den Hauptkräften nach Toledo.

Als sich die Nachricht vom Herannahen der Muslime im Land verbreitete, verließen viele Städter fluchtartig ihre Heimstatt und flohen nach Toledo, so daß auch Mugaith, der in der Umgebung von Córdoba, bei Secunda, sein Lager aufgeschlagen hatte, bald die nur noch vierhundert Verteidiger der Stadt mit Hilfe der List eines Hirten bezwingen konnte. Die Gruppe, die nach Rayya marschiert war, drang, ohne daß sie Widerstand fand, nach Elvira vor und besetzte die Stadt. Sie traf dort auf viele Juden, die sie auf offenem Gelände zusammentrieb und unter Bewachung einiger Soldaten stellte. Auch Granada fiel. Hier verfuhren die Eroberer auf die gleiche Weise.

In Málaga hingegen fanden sie weder Juden noch sonst einen Einwohner; sie waren alle vor dem herannahenden Heer geflohen, das nunmehr ungehindert seinen Marsch nach Todmir, das eigentlich Orihuela hieß, jedoch den Namen seines jetzigen Herrn, Theodomir, trug, fortsetzen konnte. Ihm gelang es, eine ehrenvolle Kapitulation von 'Abd al-Azīz, dem Sohn des Mūsā, zu erhalten, auf deren Urkunde und kulturgeschichtliche Bedeutung ja bereits hingewiesen wurde. Nachdem die Sieger Ṭāriq von ihren Erfolgen Mitteilung gemacht hatten, zogen auch sie nach Toledo, um sich dem Hauptheer anzuschließen.

Ṭāriq war es unterdessen gelungen, die alte Königsstadt einzunehmen. Er ließ dort einige Truppen zurück und setzte ohne Verzug seinen Feldzug nach Guadalajara fort. Von dort wandte er sich dem Gebirge zu, das er durch den Paß, der ebenfalls seither seinen Namen trägt, durchquerte, und gelangte in den Flecken Almeida, das auch La Mesa genannt wird, soll sich doch hier der Tisch des Salomo, des Sohnes Davids, befunden haben, »dessen Tischkanten und Füße – 365 an der Zahl – aus dunkelgrünen Smaragden bestanden.«[63]

Ein reicher Juwelenschatz war die Beute der Sieger, die nach ihrem so unverhofft raschen Erfolg zwischen dem 19. Oktober 711 und dem 6. Oktober 712 nach Toledo zurückkehrten.

Doch zuvor war es im Juli 711 bei Lago, unweit von Jerez de la Frontera, zu der legendären fünftägigen Entscheidungsschlacht gekommen, in der Abba und Sisberto König Roderich im Stich gelassen hatten. »Roderich verschwand, ohne daß man je erfuhr, was aus ihm geworden war, denn die Muslime fanden nur sein weißes Pferd mit dem goldenen Sattel, der mit Rubinen und Smaragden besetzt war, dazu einen mit Perlen und Rubinen bestickten Mantel. Das Pferd war in eine Schmutzlache gestürzt, und der Christ, der mit ihm gestürzt war, hatte die Beute im Kot zurückgelassen. Nur Gott weiß, was ihm geschehen ist, denn man hörte nichts mehr von ihm. Man sah ihn nie wieder, weder lebend noch tot.«[64]

Die Westgoten verschmolzen sehr schnell mit den arabischen Eroberern, und manche ihrer Frauen, so etwa die sagenumwobene Gotin Sarah, die zweimal unter 'Abd ar-Raḥmān I. mit Arabern verheiratet war, wurden Begründerinnen vieler arabo-andalusischer Stämme, die in so manches Geschehnis der Folgezeit zum Segen oder auch Fluch verstrickt waren.

Nach Ṭāriqs großen Siegen trieb der Neid seinen Herrn, Mūsā, dazu, selbst mit einem Heer nach Spanien zu ziehen, um sich seinen Anteil an der Beute seines ehemaligen Halbfreien zu sichern und weitere Schätze durch eigenen Machteinsatz in seinen Besitz zu bringen – abgesehen davon, daß er natürlich auch an dem Ruhm, dem Islam ein neues Land erobert zu haben, persönlich beteiligt sein wollte. Mit 18000 Mann landete er im Ramadan des Jahres 93 H. (Juli/August 712) in Algeciras. Den Rat, den gleichen Weg zu nehmen, den Ṭāriq gewählt hatte, schlug er aus. Daraufhin sagten ihm seine christlichen Führer: »Wir werden dich einen besseren Weg führen, als den, den er genommen hat, und auf dem viel bedeutendere Städte liegen als die, die er eroberte und über die, mit Gottes Hilfe, du bald Herr sein wirst.«[65]

Im Handstreich gelang es ihm, Medina Sidōnia und Carmona zu erobern; dann zog er weiter nach Sevilla, das vor allem wegen seiner Bauwerke und Monumente die größte und bedeutendste Stadt Spaniens war. Nach langer Belagerung zog er am 30. Juni 713 in die Stadt ein, am Tage des Festes Fitr.

Ende Juli 713 machte sich dann Mūsā von Merida nach Toledo auf, wo er mit Ṭāriq zusammentraf. Gemeinsam eroberten sie bald darauf Galicien, ehe Mūsā von Sulaiman, der seinem Bruder Wālīd ibn 'Abd al-Malik auf dem Kalifenthron gefolgt war, nach Damaskus zurückbeordert wurde, wo man ihm beinahe den Prozeß wegen der Zurückhaltung von Beutegütern, die vermeintlich dem Kalifen zustanden, gemacht hätte.

Sulaiman ibn 'Abd al-Malik (715–717) war es denn auch, der den Sohn des Mūsā, 'Abd al-Azīz, im März 716 ermorden ließ. Er fürchtete, daß der junge Heerführer ihm vergelten könne, was sein Bruder dem Mūsā an Schlimmem zugefügt hatte. Es war dies das erste despotische Verbrechen auf spanischem Boden. »Despotismus, Blutdurst und Furcht«, sagt in diesem Zusammenhang Claudio Sánchez-Albornoz, »erwachsen aus den gleichen miteinander verbundenen Wurzeln«[66], wie hier überall in der Geschichte, und die Beispiele sind wohl Legion.

Im Jahre 717, dem gleichen, in dem die arabische Flotte Konstantinopel belagerte, entfloh aus Córdoba ein alter Gefolgsmann Roderichs, Pelayo, nach Asturien, und zu der gleichen Zeit, als die kalifische ›escuadra‹ Sulaimans am Bosporus scheiterte, erkannten die wilden Asturier die Führerschaft des entflohenen Fürsten an und traten in den Gebirgsausläufern der Picos de Europa dem Islam entgegen. Jahre später, 722 (und das ist das zutreffende Datum), also weit vor dem Tag an dem 733 Karl Martell bei Poitiers die Muslime schlug, besiegte Pelayo die Islamiten in Covadonga und begann die Reconquista.

Von diesem Tag an sahen die Muslime des Okzidents in den furchtlos todesmutigen Bewohnern Nordspaniens ihre gefährlichsten Feinde und die westliche Christenheit in ihnen ihren festesten Schild. »Dank der Erbkönige Asturiens, die acht Jahrhunderte lang dem Schlag gegen das Andalus widerstanden, konnte Europa seine Bestimmung erfüllen und die moderne Welt begründen. Aus diesem Grunde ist Covadonga doch mehr als ein regionales Kampfereignis; es ist eine Schlacht mit weitreichenden weltgeschichtlichen Folgen.«[67]

Dennoch muß man einräumen, daß es weniger die Niederlagen der Muslime bei Toulouse, Covadonga und Poitiers gewesen sind, die schließlich den langsamen Untergang und die zunehmende Schwäche des Islam in Andalusien herbeiführten, sondern die ›afrikanischen Mauren‹, die sich von 739 an erhoben und in einer Reihe von Bürgerfehden das endgültige Schicksal der araboandalusischen Herrschaft vorausnahmen, wiewohl zuerst einmal unter der Emirats- und Kalifatsregierung der Umajjaden der arabische Halbmond in voller Leuchtkraft und Blüte über Andalusien erstrahlen sollte.

Es war ein buntes Völkermosaik aus Arabern aus dem Yemen, dem Ḥiğāz, aus Ägypten und Syrien sowie Berbern aus dem Rīf und der Sahara, die – gemeinsam mit Juden, Romanen und Goten – zu einem Volk verschmolzen, das bei aller Gegensätzlichkeit von Wiege und Wesen letztlich eine Gemeinschaft hoher und schönster Geistigkeit hervorbrachte, die – vom Haupt her betrachtet – aber grundtiefe Züge des umajjadisch-merwanidisch-beduinischen Erbes durch die langen Jahrhunderte bis 1606 trug.

Nachdem 743 der Umajjade Hišām, der letzte große Staatsmann der Dynastie, die nach der Ermordung des letzten ›rechtgeleiteten‹ Kalifen Alī von 661 an regiert hatte, gestorben und ihm Walīd II. auf dem Thron gefolgt war, hatte das arabisch dominierte Reich seinen Zenit überschritten. Unter dem neuen

Herrscher und seinen beiden Nachfolgern, Jezid III. (744) und Marwān II. (745–750), rieb einerseits immer neuer Stammeszwist das Kalifat auf, andererseits gewann die Schī'a und damit die persisch-abbasidische Richtung mehr und mehr die Oberhand und konnte – nachdem schon 740 die Fāṭimiden unter Zaid ibn'Alī in Kūfa an die Macht gekommen waren und Marwān II. nur nominell noch einmal die Reichseinheit herstellte – nach der Schlacht am Großen Zāb (750) die Umajjaden endgültig vom Thron verdrängen.

Die politische Vertreibung endete mit einer Menschenjagd, denn nach dem Willen von Abū 'l-Abās as-Saffāh (750–754), dem ersten Abbasiden, sollte niemand aus dem Stamm 'Umars das alte Erbe weiterreichen können. Ob Herr, Halbfreier oder hoher Beamter: sie alle waren dem Schwert verfallen; kaum einer entging dem Massaker, sofern er nicht weit weg von der Mitte des Reichs in irgendeiner abgelegenen Provinz schon lange vor dem Sturz der alten Dynastie heimisch geworden war.

Spanien, al-Andalus, war aber seit Jahrzehnten das erstrebte Paradies vieler ehemaliger Umajjaden-Halbfreier und Parteigänger der alten Herren geworden. Und so konnte es nicht ausbleiben, daß auch einer der wenigen Träger des kalifalen Fürstenerbes aus dem Hause 'Umars (634–644) und 'Uṯmāns (644–656) dort eine neue Heimat und sichere Zuflucht suchte und fand.

Als 'Abd ar-Raḥmān im Rabi II des Jahres 138 H. (September/Oktober 755) in Almuñecar spanischen Boden betrat, kam er in ein Land, das von bürgerkriegsähnlichen Zuständen erschüttert wurde. Sie waren auch dadurch nicht verhindert worden, daß seit Mūsā eine Besiedlung nach Volksgruppen getrennt vorgenommen wurde; ja man muß sich fragen, ob es nicht sinnvoller gewesen wäre, wenn – unter dem Siegel der Einheit des Glaubens – die Zuwandererströme aus Afrika zusammengeführt und – wenigstens in den Stadtkonglomerationen – mit den autochthonen Romanen und den jeweils anderen, schon länger dort weilenden muslimischen Gruppen vermischt worden wären.

Doch die Stammesfehden, die Reinhart Dozy bereits als Ursache und damit als Anlaß der zeitlich begrenzten Existenz des Islam in Iberien bezeichnet hatte, waren so schwerwiegend und in sich explosiv, daß eine räumliche Verteilung wohlgeraten schien. Araber, Syrer und Berber lebten so unter dem weißen Reichsbanner des syrisch-arabischen Kalifats getrennt voneinander in ›Enklaven‹, die für sich den Zusammenhalt wahrten, aber zu nationalen Keimzellen der Erhebung, der Rebellion, des Bruderkriegs wurden.

Ṭāriq hatte mit seinem Berberheer die Goten überwunden. Mit Mūsā waren zahlreiche ›orientalische Wellen‹ über das Land gegangen. Die Berber siedelten in der Mitte und im Nordosten der Halbinsel, die Syrer und Araber in der Mitte und in der Küstenregion. »Die Berber – genus hominum mobile, wie Sallust sie nannte – waren leicht zur Bekehrung wie zur Apostasie bereit, und sie zeichneten sich durch heftige religiöse Ausbrüche ebensosehr wie durch die ihnen heilige Liebe zur Unabhängigkeit aus. Ihr demokratischer Gärstoff, ihre Fremdenfeindlichkeit und ihr innigtiefer Glaube begünstigten unter ihnen den Sieg des Ḫārigitentums – gleichermaßen religiöse Sekte wie politisches Glaubensbekenntnis –, und diese vierfach explosive Mischung trieb sie 739 zur Revolte in Afrika.«[68] Ihr Sieg begünstigte auch die Erhebungen in Spanien und wurde so zum Beginn endloser Auseinandersetzungen zwischen den verschiedenen Invasoren des Landes.

Um den Frieden wiederherzustellen oder um ihn, so weit das eben möglich war, zu bewahren, waren zwölftausend Syrer ins Land gerufen worden, die in militärischen Abteilungen über al-Andalus verteilt worden waren: die aus Emessa in den Bezirken Sevilla und Niebla, die aus Palästina in den Kantonen von Sidonia und Algeciras, die vom Jordan in dem von Rayya (Málaga), die von Damaskus in Elvira mit der Hauptstadt Granada, die von Qinnasrina in dem von Jaén und die aus Ägypten in den Provinzen Ocsonoba, Beja und Todmir (Murcia).[69]

Hinzu kam noch als fast unüberbrückbarer Gegensatz die alte Auseinandersetzung zwischen Jemeniten und Kalbiten und den Mudhariten oder Qaisiten, also zwischen Nord- und Südarabern, die bereits in vorislamischer Zeit bestand und sich weniger auf religiöser denn auf staatspolitischer Ebene abspielte, wobei sie mit einem uns nicht mehr verständlichen Haß ausgetragen wurde.

Diese Spannungen stammen nicht etwa aus grauer Vorzeit oder spiegeln rassische Unterschiede wider, sondern sind die Folge der Übertragung vorislamisch-primitiver Staatsvorstellungen und Rechtsgepflogenheiten auf die Verwaltung eines Weltreiches, und sie wurden in Spanien ebenso verhängnisvoll wie in der übrigen dār al-islām. Allerdings gelang es 'Abd ar-Raḥmān mit Tatkraft, Umsicht, Klugheit und – gewiß auch – Rücksichtslosigkeit und Härte alle seine Gegner auszuschalten und damit das Fundament für eine relativ friedliche Zeit der Herrschaft seines Hauses auf iberischem Boden zu legen.

So liest sich die rein faktische Geschichte immer nur von Aufstand zu Niederschlagung, von Fehde zu Fehde, Intrige zu Intrige, Emporkommen und Fallen, Aufstieg und Niedergang, doch blieben diese Erscheinungen, trotz aller datenhaften Augenfälligkeit, im großen und ganzen in Grenzen und besaßen über den verhältnismäßig langen Zeitraum der Regierung hinweg mitunter lediglich den Charakter von höfischen oder administrativ-egoistischen ›Interludien‹, die den normalen Gang der Dinge, die Entwicklung einer großen Kultur nicht oder nur gering zu beeinträchtigen vermochten; andernfalls wäre die nachfolgende Blütezeit weder denkbar noch möglich gewesen.

'Abd ar-Raḥmān allerdings mußte zunächst die zum Aufbegehren heftig neigenden Kräfte überwinden und die beständig schwelende Glut des Stammeszwistes auslöschen. Das geschah zu Beginn dadurch, daß er den in Spanien als Statthalter amtierenden Jūsuf ibn 'Abd ar-Raḥmān al-Fihri, der sich zu sehr auf den energischen, trinkfesten Führer der Qaisiten, as-Sumail, gestützt hatte, besiegte.

Am 15. Mai 756 zog er in Córdoba ein, von seinen Anhängern und dem Volk als Emir eingesetzt. Dennoch war seine Regierungszeit angefüllt mit immer neuer Rebellion, mit immer neuen Verschwörungen, so in Sevilla, Toledo, Barcelona und in Córdoba selbst. Nach der Beseitigung der Parteigänger der sevillanischen Verschwörer 'Abd al-Ğaffar und Hayat ibn Mutamis, die sich selbst in Sicherheit bringen konnten, mußte er sich im November 773 dazu entschließen, ein mamelukisches Sklavenheer aufzustellen, um den arabischen Bruderhaß niederzuzwingen.

Die Jemeniten, mit deren Hilfe er Jūsuf geschlagen hatte, machten danach oft gemeinsame Sache mit seinen Gegnern, so daß er von 756 bis 788, seinem Sterbejahr, ständig in Kämpfe verstrickt war. »Die Erzählung dieses langen

Gemetzels hinterläßt in der Seele einen Eindruck von Schrecken und zeichnet ein tragisches Bild«[70] dieses Mannes und seiner Herrschaft.

Auch mit Karl dem Großen mußte er sich in diesem Zusammenhang auseinandersetzen. Mag auch der Karolinger zunächst vorgehabt haben, Spanien dem Kreuz zurückzuerobern, so mußte er doch bald sein Vorhaben aufgeben, da er – ebenso wie sein umajjadischer Gegner – in seinem eben erst gegründeten Reich immer neu gegen aufständische Stämme zu Felde ziehen mußte. Bei ihm erschien 777 der wāli (Gouverneur) von Barcelona und Gerona, Sulaiman al-Arabi, der aus jemenitischem Geschlecht stammte, und bat ihn um Hilfe gegen den »umajjadischen Rebellen und Usurpator« 'Abd ar-Raḥmān ibn Mu'awija, der – so seine Darstellung – gegen das rechtmäßige Kalifat in Bagdad aufbegehrt hatte.

Karl, der wie sein Vater Pippin der Jüngere (715–768) die Abbasiden als rechtmäßige Nachfolger Muḥammads auf dem ›irakischen‹ Thron anerkannt hatte, sammelte ein ›europäisches‹ Heer aus Austrasiern, Burgundern, Bayern, Provençalen, Septimanern und Langobarden, das in zwei Gruppen über den Paß von Roncesvalles und zwei Pyrenäenpässe marschierte.

Nach Ostern 778 drangen sie nach Iberien vor, nahmen Pamplona und standen bereit, im Bund mit Sulaiman Zaragoza zu besetzen, als dort ein Aufstand gegen den wāli ausbrach, der ihn zu Fall brachte und Karl nötigte, die Stadt zu belagern. Nachdem er die Stadt eingenommen und ihre Mauern hatte schleifen lassen, trat er – die Sachsen hatten sich erneut hinter seinem Rücken erhoben – den Rückzug an, bei dem die Basken seiner Nachhut bei Roncesvalles jene berühmte Niederlage beibrachten, die hernach weit in die abendländische Literatur – Chanson de Roland (1104), Rolandslied des Pfaffen Kuonrad (1135) und das altspanische Epos »Roncesvalles« bis hin zu den Heldenromanen des 13. und 14. Jahrhunderts und den romantischen Epen der Renaissance, so Ariosts »Orlando Furioso« (1516–21) – hineinwirken sollte.

Einhard, der gelehrte Historiograph Karls, hat in seinem Werk »Das Leben Karls des Großen« (Vita Caroli Magni), das in den karolingischen Reichsannalen die Jahre von 796 bis 820 (Einhard starb am 14. März 840) umfaßt, das Geschehnis so dargestellt: »778 zog er (Karl) mit möglichst großer Heeresmacht über die Pyrenäen nach Spanien, wo sich ihm alle Städte und Burgen, die er angriff, unterwarfen, und kehrte dann ohne den geringsten Verlust mit seinem Heere wieder heim. Nur in den Pyrenäen selber hatte er auf seinem Rückzug etwas von der Treulosigkeit der Waskonen (Basken) zu leiden. Als nämlich das Heer in langem Zuge, wie es die Enge des Orts erforderte, einher marschierte, so machten die Waskonen, die auf der Höhe des Bergs sich in den Hinterhalt gelegt hatten, ... einen Angriff auf den letzten Teil des Trosses und die ganze Nachhut, warfen ihn ins Tal hinab und machten in dem Kampfe, der nun folgte, alles bis auf den letzten Mann nieder; das Gepäck raubten sie und zerstreuten sich dann unter dem Schutz der anbrechenden Nacht in höchster Eile nach allen Seiten ... In dem Kampfe fielen Eggihard, des Königs Truchseß, Anshelm, der Pfalzgraf, und Hruodland (Roland), der Befehlshaber im bretonischen Grenzbezirk, nebst vielen anderen.«[71]

Karl hat in der Folgezeit darauf verzichtet, noch einmal nach Spanien zu ziehen; er war ohnedies genug damit beschäftigt, die katalanisch-aquitanische Mark gegen den Emir von Córdoba zu sichern. Die Basken aber, die immer und nach beiden Seiten hin ihre Freiheit zu wahren wußten, wurden so – sicher gegen ihren Willen – durch den Handstreich von Roncesvalles zu einer willkommenen Hilfe für das aufstrebende Reich der Umajjaden. Sie garantierten damit, ohne sich dessen wohl je deutlich bewußt zu werden, die ruhige, leuchtende Entwicklung einer Kultur, ohne die Spanien, zumal Andalusien nie sein so eigenes Gesicht, seinen Geist, seine Seele gefunden hätte.

'Abd ar-Raḥmān aber wurde zum Träger und Bewahrer des beduinischen Erbes in der arabo-andalusischen Kunst und Dichtung, ohne daß man diesen so bedeutsamen Gesichtspunkt bisher genügend gesehen, gewürdigt und zum Ausgangsort für eine tiefere geisteswissenschaftliche oder kulturphilosophische Untersuchung gemacht hätte. In einem der wenigen von ihm hinterlassenen Gedichte, die in der anonymen Chronik Aḫbār maǧmu'a überliefert sind, heißt es[72]:

> Mich drängt es nicht zu einer Kranichjagd;
> kein andrer Wunsch bewegt mich jetzt als der,
> den Gottlosen zu jagen, wo er auch sei;
> in dunklen Höhlen haust er, im Gebirge dort.
> Und wenn auf meinem Weg die Mittagssonne stets
> die heißen Strahlen grell herunterschickt,
> dann ist der Schatten meines Banners mein Gezelt.
> Weit lieber als die Gärten, starke Festen
> ist mir die Wüste, die mein Zelt umwellt.
> Sag dem, der immer nur auf Kissen ruht:
> die Größe wächst nur aus der Widrigkeit.
> Sie zu erlangen, sei zum Leid bereit,
> wenn nicht, bist du ein Nichts und in Erbärmlichkeit.

Aus diesen Versen spricht eine Lebenshaltung, die ihren geistigen Ursprung in den umajjadischen Wüstenschlössern Qusair, 'Amrā, Qastal, Muwaqquar und wahrscheinlich auch in Tūba in Syrien hat. Marguerite van Berchem stellte das nach Alois Musil (1907) überzeugend im »Journal des Savants« (1909) und in Creswells »Early Muslim Archtecture« (1932) dar.

Diese Befestigungsanlagen bilden das letzte Refugium vor dem endgültigen Aufgehen in der städtischen Kultur mit ihren dem Beduinismus widersprechenden Wesensmerkmalen. In ihnen und auch in al-Mschatta im heutigen Jordanien verkörpert sich das Moment des ›Hinausziehens in die Wüste‹, des zeitweiligen Entfliehens aus der Stadt in den angestammten Lebensraum mit seinem Freisein und ›Alleinsein im Vertrauten‹ – hierhin richtet sich der konkrete ›dynamo adrift‹, die leitende und lenkende Wirk- und Triebkraft.

»Wir wissen, daß die Mehrzahl der Umajjaden Araber aus den guten alten Zeiten waren, Freunde des Reitens, der Jagd, des Weines, der Dichter, der Sänger und Frauen ... Musil hat uns in ihnen Wüstenaraber gezeigt, Nachfolger der Ghassaniden ebensowohl wie der byzantinischen Kaiser. Sie beschränkten sich nicht darauf, sich auf die Beduinen zu stützen ... Die meisten von ihnen führten selbst ein (zumindest) halbnomadisches Leben ... Die Mehrzahl der Anekdoten aus dem Leben Wālids II., vor allem im ›Kitāb al-Aghānī‹, scheinen uns nach 'Amrā zu führen, und Musil hat nicht gezögert, daraus zu schließen, daß das der liebste Aufenthaltsort des Prinzen schon lange vor seiner Regierungszeit gewesen ist.«[73]

Es war das, wie H. Lammens, der sich mit diesem Phänomen ausführlich auseinandergesetzt hat, zeigen konnte, vor allem die atavistisch-sehnsüchtige Liebe zur Wüste, die den Bau der bādia begünstigt hat, dem alle Umajjaden, sei es in Syrien, in Ägypten oder im Ḥiǧāz, gleichermaßen anhingen.[74]

Daß auch 'Abd ar-Raḥmān und seine Nachfolger in Spanien dieser Liebe, dieser ererbten Sehnsucht Folge leisteten, dafür wurde das córdobanische Rūsāfa geradezu zu einem Symbol. Denn vieles, ja das Wesentlichste der maurisch-umajjadischen Architektur auf iberischem Boden hat hierin seine Wurzeln. Hier liegt eine der bedeutendsten Prämissen des andalusischen Bauwillens, der seine prächtigste Konklusion in der Großen Moschee in Córdoba ebensosehr wie in den reichen Palastbauten von Medina aẓ-Zarā' am Fuß des Arus, wie auch – so sonderbar das zunächst auch anmuten mag – in dem spätislamisch-nazridischen Kleinod der Alhambra in Granada hat.

Eine zeitgenössische Historiographie liefert ein porträthaftes Bild der syrisch-arabischen Bauherren aus der Zeit der Umajjaden: Danach war 'Abd ar-Raḥmān I. (756–788) groß, blond, einäugig, hohlwangig und hatte ein Muttermal im Gesicht; das wirre Haar bündelte sich in zwei Lockensträhnen. Man gab ihm den Beinamen ›Wüstenfalke der 'Umajja‹. Er hatte elf Söhne und neun Töchter.

Sein Sohn, Hišam I. (788–796), der ihm auf dem Thron folgte, besaß ein bleiches Gesicht, rötliches Haar und war von ausgezeichneter Erscheinung. Er besaß sechs Söhne und fünf Töchter.

Al-Hakām I. (796–821) war hochgewachsen und schlank, hatte eine sehr gerade Nase und benutzte keinerlei Schminke, die damals auch von Männern sehr viel verwendet wurde. Sein Gesicht war von Natur dunkelbraun. Er wurde Vater von neunzehn Söhnen und vierundzwanzig Töchtern.

Ihm folgte 'Abd ar-Raḥmān II., der von 821 bis 852 regierte. Wie sein Vater war er groß, von dunkler Gesichtsfarbe, und besaß große, schwarze Augen. Die Nase war raubvogelhaft gebogen, die Wimpern lang und dunkel. Er trug einen Vollbart und benutzte ausgiebig Henna und ›khatmi‹, ein Malvengewächs, das Duftstoff und Gurgelmittel zugleich war.

Muḥammad, der das Reich von 852 bis 886 lenkte, war dagegen bleichgesichtig, mit geröteten Wangen, klein mit schmalem Kopf und einem üppigen Bart. Auch er liebte Henna und khatmi. Er nannte dreiunddreißig Söhne und einundzwanzig Töchter sein eigen.

Sein Sohn, al-Mundhir, der nur zwei Jahre, von 886 bis 888, dem Emirat vorstand, war wiederum dunkelhäutig und besaß lockiges Haar. Er fiel durch sein pockennarbiges Gesicht auf und hatte fünf Söhne und acht Töchter.

Ihm folgte auf dem Thron 'Abdallāh (888–912), dessen Gesicht fast weiß erschien. Er hatte blaue Augen und eine gebogene Nase, war blond und von »ebenmäßiger Figur«. Er trug gerne schwarze Kleider. Elf Söhne und dreizehn Töchter wurden ihm geboren. Er wurde zum Sohnesmörder, nachdem einer von ihnen, Muḥammad, seinen Bruder al-Mutarib im Gefängnis erschlagen hatte, weil der ihn zum Aufstand gegen seinen Vater veranlassen wollte.

Seine ganze Liebe galt fortan seinem Enkel 'Abd ar-Raḥmān, der als 'Abd ar-Raḥmān III. zugleich der erste cordobanische Kalif wurde. Seine Regierungszeit dauerte von 912 bis 961 und war die glanzvollste und zugleich friedlichste der langen Herrschaftsepoche der spanischen Umajjaden. Wie sein Großvater hatte er helle Haut und dunkelblaue Augen, war mittelgroß und besaß einen schönen und geschmeidigen Körper. Auch er bevorzugte schwarze Kleider.

961 folgte ihm sein Sohn Hakām II., unter dessen ebenfalls friedlicher Regierungszeit die arabo-andalusische Literatur einen ersten wirklichen Höhepunkt erreichte. Er hatte fast krapprotes Haar (!), große dunkle Augen, eine gebogene Nase und eine volle dunkle Stimme. Seine Beine waren kurz. Bei einiger Dickleibigkeit besaß er lange Arme und einen vorspringenden Oberkiefer.

Auf ihn folgte 976 sein Sohn Hišam II., von dem man nicht weiß, wie lange er regiert hat, war doch seine Stellung nur noch die eines geistlichen Würdenträgers, dessen weltliche Macht sein Reichsverweser, der ḥağib Muḥammad ibn abī 'Amir al-Mansūr (Almanzor), der die Reichsgeschicke von 978 bis 1002 bestimmte, im Bund mit seiner Mutter usurpiert hatte. Er besaß übergroße blaue Augen, die aus einem hageren Gesicht blickten, einen rötlichen Bart und einen – bis auf die kurzen Beine – wohlgeformten Körper.[75]

Obgleich er und sein Vater nach 'Abd ar-Raḥmān III. den Kalifentitel führten, konnte sich nur sein Großvater an-Naṣr lidinallāh, ›der Allāhs Religion zum Siege führt‹, mit Fug und Recht Kalif nennen. Denn schon nach zwei Generationen sollte sich der Stern der Umajjaden, der durch die Tatkraft und den herrscherlichen Willen des ersten 'Abd ar-Raḥmān über Spanien aufgegangen war, auf dem Höhepunkt seinem raschen Niedergang und endgültigen Verlöschen zuneigen.

Auch der Glanz Almanzors war nur noch ein letztes Atemholen, denn sowohl die Herrschaft der Almoraviden in Spanien (1090 bis 1147) als auch die der Almohaden (1148 bis 1212) konnte die unter dem inneren Verfall des westlichen Islamreichs erstarkte Reconquista der Kastilianer, Aragonesen und Asturier lediglich verzögern, auch wenn die Almohaden noch einmal eine hohe Kulturentfaltung anregten. Der Sieg gegen das Christentum wurde mit der Niederlage von Alacab oder Las Navas de Tolosa (1212) endgültig unmöglich. Mit ihr begann unwiderruflich der lange Todeskampf des iberisch-arabischen Reichs – allerdings in königlicher Würde und resignierter Gelassenheit.

Werfen wir noch einmal einen Blick auf das, was die segensreiche Zeit der 'Umajjaden – und vor allem die 'Abd ar-Raḥmāns III. – für die islamische Geschichte Spaniens, insbesondere Andalusiens, bedeutet hat und weiter bedeutet, und ebenso darauf, was auch die Kleinfürsten der nachkalifalen Zeit trotz aller blutigen Auseinandersetzungen und schließlich auch die afrikanisch-berberischen Eroberer dazu beigetragen haben.

Keine Geschichte der arabischen Literatur bestreitet, daß eine der bedeutsamsten beduinischen Tugenden von alters her in der Pflege der Dichtung bestand. Doch den ›andalusischen‹ Anteil an der gesamtiberischen Dichtung, vor allem in ihrer lyrischen Ausformung, hat man allgemein nicht eben hoch bewertet. Und was für die Dichtung gilt, trifft auch auf die Kunst zu, die – trotz ihrer auch heute noch erhaltenen Kleinodien – immer noch und an erster Stelle im Vergleich zu der zeitgenössischen christlichen Kunst und deren antikem griechisch-römisch-byzantinischen Urgrund nicht die Beurteilung erfährt, die ihr zukommen muß, wenn man auch einräumen mag, daß diese Geringbewertung sich nicht nur auf den iberischen Ausläufer der islamischen Kunst erstreckt.

Gerechter ist da das Urteil des hervorragenden österreichischen Arabisten Gustav Edmund von Grunebaum (1909–1972), das er in einem Beitrag zu der von Golo Mann und August Nitschke herausgegebenen »Weltgeschichte« (1963)[76] gefällt hat. Dort schreibt er:

»Im Panorama der islamischen Hochkultur des 9. und 10. Jahrhunderts ist die Leistung al-Andalus' zwar vielfach originell, etwa in der Erfindung neuer Bogenformen und in der Ausbildung strophischer Gedichte von oft komplizierter Metrik und bisweilen volkssprachlichem Refrain. Doch aufs Ganze gesehen blieb sie isoliert und gleichsam kolonial, was auch in der großen Autorität zum Ausdruck kommt, die die orientalisch-muslimischen Gelehrten genossen. In der Gefühlsanalyse, aber auch in der Naturlyrik wird nun ein neuer Ton erkennbar, der vielleicht, weil dem europäischen Empfinden verwandt, im Troubadourgesang ein Echo erweckte. Im 11. Jahrhundert gewinnt die spanisch-islamische Kultur ihre wirkliche Selbständigkeit und findet zu sich selbst.«[77]

Unter 'Abd ar-Raḥmān I., der selbst Lyrik schrieb und stark auf die arabo-andalusische Baukunst einwirkte, gelangte die arabische Dichtung auf iberischem Boden zu einem selbständigen Wachstum, an dem auch seine Nachfolger aus dem Haus der syrischen Umajjaden beteiligt waren.

Ein besonders erlesenes Liebesgedicht dieser Zeit – in Form, Inhalt und melodischem Sentiment aus dem alten Erbgut der beduinischen Wortkunst entwachsen – stammt vom Emir 'Abdallāh. Aus einem anderen Gedicht seiner herrscherlichen Feder wissen wir, daß seine zarten Zeilen einer Sklavin zugeeignet waren, die sehr früh sterben mußte:

Ich bin so traurig wegen der Gazelle
mit ihrer Seidenwimpern zarter Pracht;
sie ist von jener Art, die auf der Stelle
dich alle Vorsicht jäh vergessen macht.
O, ihre Wangen sind ganz leicht gerötet,
gemischt in einen weißen, samt'nen Flor,
narzissengleich; ein feiner Zweig des Ban,
wenn sie sich neigt und wirft den Blick empor,
der aus den nächtigen Pupillen leuchtet
und aus dem hellen Augenweiß sich stiehlt;
dann bindet fest sich meine reine Liebe,
in Nächten und in Tagen unerfüllt.[78]

Streng in Maß und Reim – die im arabischen Original angedeuteten Zwischenreime sind so fein nuanciert und ergeben sich so eng aus der sprachlichen Eigenheit des klassischen Arabisch, daß man sie kaum wiederzugeben vermag –, besitzt dieses kurze Gedicht, das wohl eher als Fragment eines größeren zu betrachten ist, so viele struktural-wesentliche Züge und tonale Entsprechungen der nachfolgenden Blütezeit, daß man es ohne jede Einschränkung schon wertgleich neben die vielen, vielen, von gleicher Gefühlsinnigkeit und wider jede Schablone getragenen Dichtungen stellen darf, die das 10. und 11. Jahrhundert hervorbringen sollten.

Daß solche Klänge in den romanisch-muslimischen Dichtern nachklangen und ihren Widerhall auch jenseits Andalusiens in der intimen Hof- und Volkslyrik der spanischen ›trovadores‹ und französischen ›troubadours‹ bis hinein in den deutschen, ja sogar englischen Minnesang fanden, ist nicht nur augenfällig, sondern liegt in dem ihnen innewohnenden Zeitausdruck, der von hüben nach drüben wirkte und hundertfaches Echo poetischer Empfindung erweckte.

Die folgenden Verse 'Abdallāhs, deren aufrichtige Melancholie sich konsequent in entsprechender Form niederschlägt, stellen der sich aufdrängenden Erkenntnis von der flüchtigen Nichtigkeit des Diesseits die Hoffnung auf das bessere, wenn auch unbestimmte Jenseits gegenüber. Die Geschlossenheit dieser subtilen Äußerung einer frühen, zutiefst erregenden und Betroffenheit erweckenden Poesie läßt hier nicht auf ein Fragment schließen:

O du, auf die der Tod schon heimlich wartet!
Wie lange weilt die Hoffnung noch bei dir?
Wie lange fürchtest du den Sturz noch nicht,
wenn du schon fühlst, er nimmt dich bald von mir?
Vergaßest du, dein Seelenheil zu suchen?
Nachlässigen wird niemals Heil zuteil.
Doch weit von dir bleibt nur verlor'nes Hoffen;
weltliche Sorge bietet sich mir feil.
Es ist, als ob der Tag, den du gelebet,
niemals bestand, uns nie so reich vereint,
da doch der Tod, der dir so bald begegnet,
endgültig, ewig unumkehrbar scheint.

Zu Herzen gehende Liebeslyrik wie diese entfaltet sich aber deutlich erst, nachdem die zentralistische Macht Córdobas zum Erliegen gekommen ist und – bei allen Wirrungen und Verirrungen der Zeit der mulūk at-tawā'if, der Kleinstaaten der Regional- oder Stadtfürsten – eine freie, ja eine liberale Ungezwungenheit ihren Einzug in das Geistesleben hält und nahezu alle Bereiche des kulturellen Lebens bestimmt.

Diese Epoche war es auch, in der die Religionen – der Islam, das Christentum, das Judentum – miteinander, oft füreinander und kaum gegeneinander ihre Existenz bewahrten und sich gegenseitig, trotz aller Ansprüche der jeweiligen alleinigen ›Rechtgläubigkeit‹, tolerierten und respektierten. Daß die Liebe auch die Glaubensschranken zu überwinden vermochte, ja, daß es gar zu gemischten Ehen ohne Konversion gekommen sein muß, belegt das folgende bei Maqqarī verzeichnete Gedicht »An Nuwaira, die Christin«[79].

Es zeigt zudem, daß selbst noch während der größten Ausdehnung des islamischen Glaubens in Iberien christliche Klöster und Einsiedeleien, christliches Asketentum und ein festes Beharren in dem im wesentlichen unangefochtenen herkömmlichen Bekenntnis verbreitet waren. Doch vor allem ist es wiederum das freie und echte Gefühl, das sich in diesen Versen ausdrückt und erkennen läßt, welch starker Strom persönlicher Nähe und Verbindlichkeit sich anschickte, die arabo-andalusische Literatur zu beherrschen.

Die Metaphern sind dicht; ihre Zueinanderfügung enthält alle Anmut und Plastizität, derer die arabische Seele und die arabische Hochsprache fähig waren: mannigfach facettiert, greifbar, von außen nach innen gelenkt, den Anspruch des Individuellen und Heimlichen in reiner Musikalität bindend und rechtfertigend. Mit diesen Versen des Abū 'Abd Allāh Ibn al-Haddād, der Hofdichter in Almeria war und aus Guadix stammte, fühlen wir uns hineingestellt in die Unmittelbarkeit einer rückhaltlos-reinen Liebe, die sich liedhaft verschenkt und wenig später von so manchem Troubadour nachempfunden und nachgestaltet wird.

Das Gedicht stammt aus der frühen Jugend des Dichters; Nuwaira ist der Diminutiv von nawār, einem substantivischen Adjektiv, das nichts anderes bedeutet als ›schüchtern-scheue Wilde‹. Die Geliebte hieß eigentlich Ǧamīla, und die folgenden Verse sind nicht die einzigen, die der junge muslimische Poet ihr zugedacht hat: Nicht immer mußte er glauben, daß sie ihn verschmähte, sondern daß – im Gegenteil – seine Liebe eine schöne und ungetrübte Erwiderung fand:[80]

Durch Jesu Liebe mag es sein, daß deine Liebe
doch meinem Herzen endlich Frieden schenkt.
O deine Schönheit gab dir alle Macht,
die mich zum Leben hebt, die mich zum Sterben lenkt.
So liebe ich der Mönche Kreuze auch
und der Asketen traurig-stilles Los.
Und in der Prüfung dauern meine Leiden fort;
so sag mir doch, was mach ich bloß?
Zerstreuung und Vergessen find ich nicht,
weil mich dein Bild verstört.
Blutträne weine ich, doch du hast nie
den Klagenden voll Mitleid angehört.
Weißt du von den Entscheiden, die
dein Blick in mir entfacht?
Kennst du das sanfte Feuer, das
dein Bild zur Glut gebracht?
Nein, meinen Augen hast du nie
geschenkt dein süßes Licht,
das wärmer als die Sonne je
in meine Tage bricht.
Im zarten Zweig, in jedem Hügel seh
ich still beglückt nur deiner Hüften Rund,
und fühle in den Blumen nur
warm deiner Wangen Grund.
In ihren Düften trinke ich
dann deinen weichen Mund.
Wenn du, Nuwaira, immer mich verschmähst,
lieb ich dich doch, o ja, ich liebe dich!
Ach, deine Augen sagen insgeheim mir kalt,
ich bin dein Opfer; du verachtest mich.

Mit diesen Versen bleibt in dem Leser das Empfinden von Liebe und Trauer, von Zurückweisung und gegenseitiger Achtung, die die Grenzen, die der Glaube, der je verschiedene, in den Herzen errichtet hatte, zum Schwinden brachten, weil die Seelen – gleichgestimmt – über sie hinweg zu sich und zueinander finden konnten und fanden. Und doch vermochte die große humane Toleranz, die das islamische Iberien den Andersgläubigen – Juden und Christen gleichermaßen – erwies, es nicht zu verhindern, daß die einstmalige ›razzia‹ des Ṭāriq nach der großen Zeit der Almohaden, welche die glaubensernsten, spröden Mönchsritter aus der Sahara, die Almoraviden, abgelöst hatten, dem zeitlichen Untergang entgegenging.

Das ›ādiós‹ des Boabdīl, sein letzter Blick zurück auf das heimische, goldene Granada mit der randvoll mit Heimlichkeiten durchwalteten ›roten‹ Alhambra und ihren strahlenden Gärten, vermeint man heute noch zu vernehmen, wenn man – der Geschichte inne – vom Albaicín über den lebhaften Darro das lebendig gegenwärtige Märchen erschaut und von sich erzählen läßt.

Im Beginn des Jahres 711 lag zugleich der endgültige Abschied beschlossen, und zwar aus Gründen, wie sie dieser kurze Gang durch eine weite und großartige Geschichte der spanischen Muslime aufgewiesen hat: im Ruhm der Vollendung den hinfälligen Verlust mittragend . . . in gelassener Demut.

Sie hatten in dem Land, das sie verließen, den anziehendsten Teil ihres Wesens zurückgelassen; hinterlassen in ihren so unersetzbaren, reichen und vielgestaltigen Bauzeugen, die – vom Geist ihres Glaubens erfüllt – von jener prächtigen und ehrwürdigen Großen Moschee in Córdoba, dem kalifalen Herzraum der alten römischen Colonia Patricia ausgehend, die Zeiten überdauerten. Kein wahres Urteil ist wohl je – um den Unterschied zwischen dem westlich-abendländischen Kunsterbe und dem östlich-orientalischen sinnfällig zu machen – von einer solchen gedanklichen Souveränität geleitet gewesen wie das, welches Rodrigo Amador de los Rios y Villalta gefällt hat, dessen ganze Liebe als Arabist und Archäologe dieser Kunst galt.[81]

Es hier wiederzugeben, ist sowohl eine späte Würdigung seiner Arbeit als auch eine Notwendigkeit, um von all dem Ballast an Vorurteilen zu befreien, der seit der Zeit Philipps II. und seines Hofchronisten Abrosio de Morales bis in unsere Tage hinein die kunsthistorische Meinung getrübt hat. Er sagt:

»Diejenigen, die aus Gewohnheit die mohammedanische Kunst ablehnen; diejenigen, für die man über Schönheit außerhalb der Schöpfungen Griechenlands und Roms nicht sprechen kann; diejenigen, für die die arabische Kunst nicht mehr Ausdrucksfähigkeit besitzt als ein Werk, das unmittelbar und spontan auf die Sinne wirkt, werden dort, in jenem Tempel – hundertmal herabgewürdigt, damit er sich dennoch behaupte – in all seinen Zügen, in all seinen zeitlichen Bezügen der Kultur begegnen, die sie gefühlsmäßig ablehnen.

Sie werden dort nicht der Schönheit ernster Symmetrie, sondern einer poetischen Schönheit begegnen, die den ›Stil der Unordnung‹ sucht, um sich zu äußern; sie werden dort schließlich in jenen unendlichen Säulenreihen, in jenen Mosaikkuppeln, die dem Himmel in stillen Sommernächten gleichen, ohne die Geheimnisse des verschleierten Lichtes, noch derjenigen sublimer Spitzbogengewölbe, der Vergegenwärtigung des Grenzenlosen begegnen, die ganz sicher nicht zu den Sinnen spricht, sondern die die Seele überrascht und emporhebt zu den Sphären der Religion und der Wissenschaft.«

»Der Säulen Ganzheit ist so wunderlich,
daß jede Sprache ihren Ruhm benennt.
Es schenkt der Marmor reich sein weißes Licht,
den Raum erfüllend, den der Schatten schwärzt;
trotz seiner Tiefe sind die Lichter bald
wie Perlen, die im Widerlicht erglühn.
Nie war ein Alcázar von höh'rer Art,
von rein'rer Zeichnung, die den Raum bestimmt.
Nie war ein Garten ähnlich blütenschwer,
von süß'rer Frucht und süß'rem Früchteduft.«

Granada

40 Kapitelle im Löwenhof
41, 42 Deckengemälde auf Leder gemalt in Nischen der Sala de los Reyes
43 Detail aus dem Deckengemälde mit Prinzessinnenturm
44, 45 Azulejos aus dem Museo Nacional de Arte Hispano-Musulman auf der Alhambra
46 Holzschatulle mit Elfenbeinplatten bedeckt, Nasriden-Stil, 14. Jahrhundert. Sammlung Instituto Valencia de Don Juan, Madrid
47 Elfenbeinkästchen, Kalifal-Stil, 10. Jahrhundert. Sammlung Instituto Valencia de Don Juan, Madrid
48 Alhambra-Vase aus dem 14. Jahrhundert. Museo Nacional de Arte Hispano-Musulman, Alhambra
49 Marmor-Bassin für religiöse Waschungen mit 4 Löwen und 4 Hirschen. Späte Umajjaden-Zeit. Inschriften zeigen viel späteren Stil und Lobpreisung auf Moḥammed III. von Granada. Das Becken wurde einige Zeit nach dem Fall von Córdoba nach Granada gebracht. Museo Nacional de Arte Hispano-Musulmán, Alhambra
50 Türme der Alhambra mit Blick auf Albaicín und Sierra Elvira
51 Kleine Araberhäuser, angegliedert für Dienerschaft an die Torre de las Damas
52 Partal-Gärten mit der Torre de las Damas
53 Ajimez in der Torre de la Cautiva (Turm der Gefangenen)
54 Heckengarten im Genralife mit Torre de la Cautiva und Torre de las Infantas (Turm der Königstöchter)
55 Patio de la Acequia, Fuente Central
56 Kleine Fuente in den neuen Gärten des Generalife, dem Sommer-Palast der maurischen Könige
57 Fuente mit Wasserbecken im Generalife
58 Estanque del Partal. Blick auf Generalife und das Castillo Santa Elena
59 Von dem Carmen San Antonio auf dem Monte Mauror mit Bermeja-Türmen geht der Blick auf die Alcazaba mit Torre de la Vela. In der Mitte die Puerte de las Granadas
60 Patio im Kloster San Francisco, jetzt Parador Nacional
61 Casa del Chapiz des Morisken Lorenzo el Chapiz, ursprünglich hieß die Casa ›Dar Albaida‹ (Weißes Haus), im Viertel Albaida
62 Dörfer hoch oben in den Alpujarras, von den vertriebenen Mauren gegründet
63 Herbst in den Alpujarras, den südlichen Hängen der Sierra Nevada

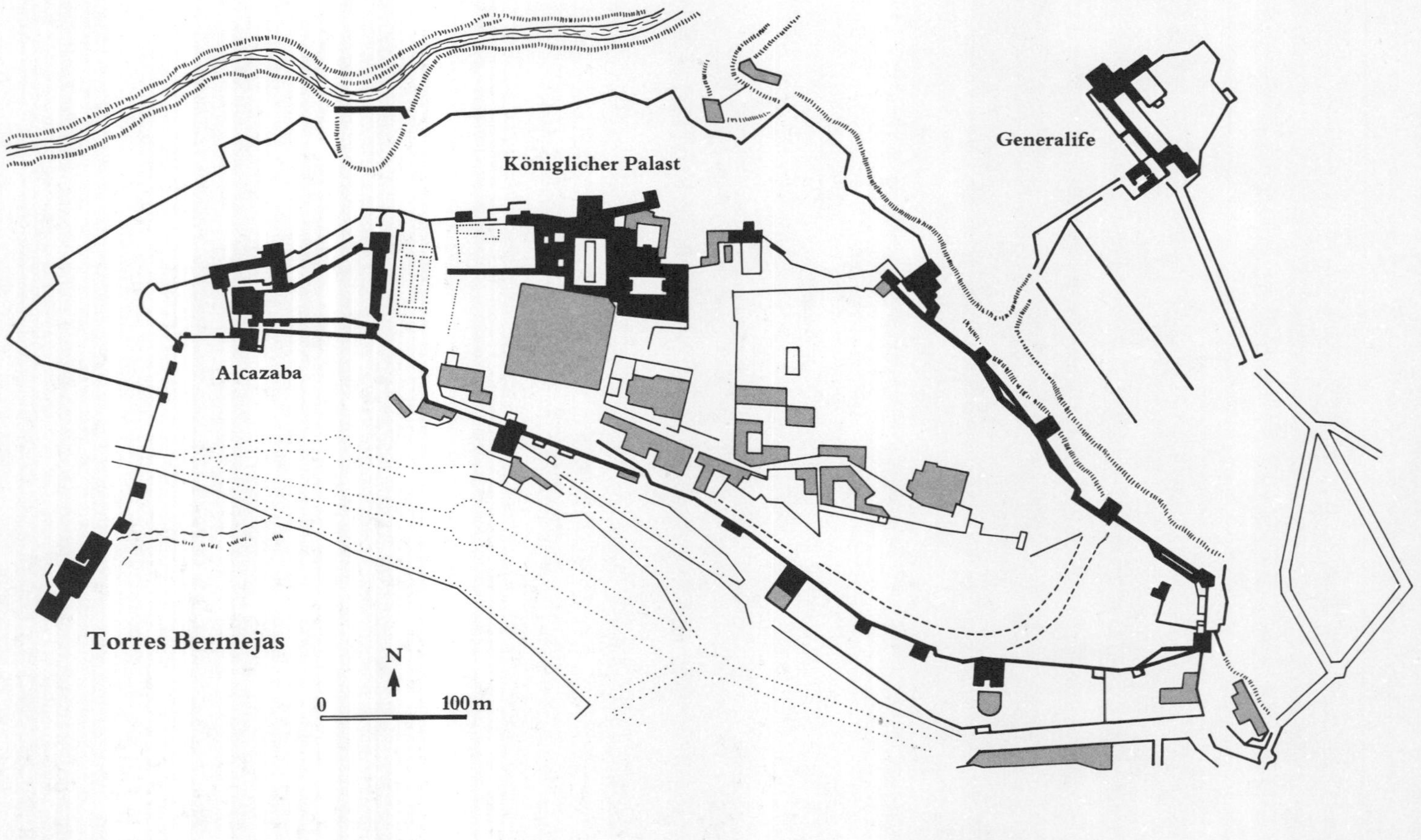

41

42

44

45

46

47

51

◁ 49

◁◁ 50

52 ▷

53

Córdoba – das neue Damaskus

oder

Wo Muḥammads Wort Gestalt wurde

So rühmet doch nicht Bagdads Hof, nicht
sein Verdienst, nicht Chinas oder Persiens Glanz.
Kein Ort in aller Welt gleicht Córdoba,
kein Adel gleicht dem der Banū Hašīm.

Aus den Analekten des Maqqarī

Wo sich die legendenumwobene, oft umgestaltete römische Brücke auf sechzehn blaßrosa Pfeilern über den Guadalquivir, den ›Großen Strom‹, spannt, da liegt an dessen rechtem Ufer Córdoba. Und obwohl es sich heute in die Niederung bis in die Ausläufer der Sierra Morena und auf der anderen Flußseite bis in die Campiña hinein ausdehnt und seinen natürlichen Rahmen zu sprengen versucht, erscheint es doch immer noch in die landschaftlichen Gegebenheiten eingebettet, in ihnen geborgen. In diesem ›Geborgensein‹ liegt der Charme, der unvergleichliche Reiz dieser alten Maurenstadt, deren Gründungszeit weit vor die Römer zu den Karthagern und iberischen Turdulern zurückreicht.

Die arabischen Herren, die Córdoba zu ihrem königlichen Sitz machten, besaßen ein ausgeprägtes Gefühl für die verschlüsselte Bedeutung landschaftlicher Sprache; sie hatten es aus Afrika, aus dem Osten, aus ihrem syrischen Damaskus mitgebracht, und ihre Bauten sollten und wollten nicht in einen Wettbewerb mit den ›zurückstehenden‹ Bergen treten, um in schwindelerregenden Türmen den mahnhaften Hinweis ihrer majestätischen Gipfel und Grate zu mißachten. Triumph stand allein der Natur zu, in der der Mensch seine Heimstatt zu finden suchte. Er dürfte sich – so empfanden sie – nicht anmaßen, nach draußen zu drängen, über sich hinaus zu wollen, um dem Himmel, dessen unausdenkbare Pracht allein Gott kannte, näher oder gar nahe zu sein; kein irdisches Wesen, das war ihnen Gewißheit, vermochte es, ihn auszuloten oder auch nur zu erahnen.

›Himmelwärts‹ gerichtet zu sein, bedeutete und bedeutet dem Muslim immer nur nach innen gekehrt zu sein und jede Tat dem Gehorsam zu unterstellen. Demut ist das Gegenteil von Hochmut, und ›Hochgemut-Sein‹ schlägt oft genug in blinde Überheblichkeit gegenüber dem Wesen und Sinn des Natürlichen um, wovon so viele, in sich wundervolle gotische Kathedralen – auch auf iberischem Boden – zeugen. Bezeichnend für diese Stimmung ist das überlieferte Zitat der Domherren von Sevilla, als sie an den Bau der Kathedrale gingen: »Laßt uns eine Kirche bauen, so herrlich und so groß, daß alle, die sie erblicken, wenn sie vollendet ist, uns für Wahnsinnige halten.«

Der muslimische Mensch paßte und paßt sich – alten Wüstengesetzen folgend – der Natur, der Landschaft vertrauensvoll an, ohne sich ihr damit auszuliefern. Seine Häuser öffnen sich dem Himmel in ihren patios; sie lassen ihn zu sich herein, ohne zu ihm hinaufzudrängen. Darin liegt auch das Geheimnis der alten Häuser Córdobas, die ›Häuser der Sonne‹ sind und keine »Häuser des Regens wie im Norden« oder »der Luft, wie in Segovia«, die für die Ewigkeit gebaut erscheinen, fest und abweisend.

Ja, Häuser haben eine Seele, wie das sehr schön Ambrosio Jaén in seiner »Geschichte der Stadt Córdoba« (1935) geschrieben hat, und das Haus Córdobas ist »offen, mit dem charakteristischen Flachdach; es ist Observatorium und Lunge, Habe und Zufluchtsort; . . . es ist typisch orientalisch, und der patio, ja vor allem der patio, verschlossen, kieselsteingepflastert: er ist das, was sein Wesen am meisten benennt.

Die patios leben und vibrieren; sie haben die arabische Seele vergeistigt. Sie ist sonderbar, diese unterschiedliche Schattierung der patios, die man in ganz Andalusien, besonders aber in Córdoba und Sevilla beobachten kann. Der
◁ 63 sevillanische patio ist der römische; übertrieben in seiner Ausstattung, seinem

Marmor, seinem Luxus. In ihm wohnt man. Der córdobanische indessen ist lediglich der der Sonne geöffnete Raum: zum Meditieren, zum liebenden Erfülltsein.«[82]

Es sind farbige Kiesel mit denen diese patios gepflastert sind, und in ihrer Anordnung begegnet man den Ornamenten wieder, die man von kostbaren Mosaiken her kennt. Hier wie in den Gärten von Sevilla und Granada verdichtet sich die Kieselsteinarabeske nicht selten zu einem ›pavimental-sinnenhaften‹ Bukett, das Blattrankenwerk und Sternverwebungen miteinander verbindet, ebenso wie offene Rauten- und Mäanderbänder, die die Wege begrenzen oder die Dekorfelder ordnend teilen. Oft entdeckt man solche feinen, verspielten Pflasterteppiche unversehens in einem versteckten, dufterfüllten Innenhof oder auf einem der vielen mittäglich schlummernden Plätze, in deren Mitte ein von Orangenbäumen einfaßter kleiner Brunnen seine beruhigende, silbrige Melodie dahinmurmelt.

Bei Córdoba denkt man heute vor allem an die Große Moschee und die erwähnte Große Brücke, die vom linken Campiña-Ufer zu ihr hinüberführt. Die Basis der Brücke ist römisch. Unter den Westgoten war sie eingestürzt, und der Umajjade 'Umar ibn 'Abd al-Azīz hatte sie durch seinen Gouverneur As-Samāh (719–721) wiederherstellen lassen. Doch die Hochwasser, die Spaniens Flüsse zu reißenden Strömen machen können, unterspülten 777 die Bogen und brachten einen Teil des Bauwerks erneut zum Einsturz. Damals herrschte noch 'Abd ar-Raḥmān I. Doch seine Sorge galt weniger der Erneuerung der Brücke; er baute zunächst an der Stelle der alten christlichen Vinzenzkirche seine Große Freitagsmoschee und hatte zudem alle Hände voll damit zu tun, das zerrissene Reich zu befrieden.

Nachdem jedoch sein Sohn Hišām I. 788 den Thron bestiegen hatte, machte dieser sich daran, die Verbindung mit der Campiña, der südlichen Uferregion, wiederherzustellen, aber »trotz der großen Sorgfalt und des hohen Preises, die er dafür aufwenden mußte, sollte das Bauwerk noch mehrmals erneuert werden. Grundsätzlich scheint es dabei jedoch nicht verändert worden zu sein. Es ist nämlich ganz unzweifelhaft, daß es bis in unsere Tage hinein das Aussehen behalten hat, das uns mit (pedantischer) Genauigkeit Idrīsī (im zwölften Jahrhundert) beschrieben hat.«[83]

Da ist er wieder, der rätselhafte Prinz aus dem Hause des Propheten, und erneut gibt er uns Auskunft über das, was er bei seiner Reise durch Spanien, vor allem auch in Córdoba gesehen und erlebt, mehr noch, eingehend studiert und festgehalten hat:

»So sieht man denn«, schreibt er, »in Córdoba eine Brücke, die alle anderen an Schönheit und Festigkeit übertrifft. Sie besteht aus siebzehn Bogen. Die Höhe eines jeden Pfeilers entspricht genau der Weite eines jeden Bogens und beträgt fünfzig Spannweiten;[84] diejenige des Buckels dreißig Spannen. Diese Brücke ist an allen Seiten mit Brüstungen in Mannshöhe versehen. Ihre Höhe vom Pflaster bis zum Grund mißt in Zeiten der Trockenheit dreißig Ellen.[85] Bei starkem Hochwasser erreicht der Strom fast die Scheitel der Bogenöffnungen. Stromabwärts und quer durch den Fluß befindet sich ein Dammbau aus Steinen der Art, die man ›ägyptisch‹ nennt, getragen von wuchtigen Marmorpfeilern. Auf diesem Damm stehen drei Gebäude, die jedes vier Mühlen besitzen.«

Mit diesem messenden Blick auf das großartige Brückenwerk, das ihn sehr beeindruckt haben muß, beendet Idrīs seine Beschreibung Córdobas, indem er anmerkt, »daß insgesamt die Schönheit und Pracht der Stadt alles das übersteigen, was man nur je zu wissen und zu beschreiben vermag.«[86]

Diese Schönheit und Pracht haben seither unzählig viele Bewunderer dargestellt und nicht selten hymnisch besungen. Auch IdrīsīsSprache wechselt bisweilen vom Faktisch-Wahrnehmenden ins Poetische, bezwungen von der großartigen Vergangenheit der arabo-andalusischen Metropole und der Einzigartigkeit ihrer Bauten, deren Juwel die Goldene, die Große Moschee ist. Doch immer wieder fand der prinzliche Historiograph zurück zur wägenden Sachlichkeit, zur ›preisenden Gemessenheit‹, die auch noch im 16. Jahrhundert Ambrosio de Morales, den Hofchronisten Philipps II., dazu anhielt, sein Erstaunen über Córdobas Glanz unter den nüchtern registrierenden Verstand des hochgebildeten Latinisten zu stellen.

Ambrosio de Morales, der vermutlich aus Badajoz am Guadiana, dem ›Schlüssel zu Portugal‹ nordwestlich von Córdoba stammt, untersuchte in königlichem Auftrag die Altertümer Spaniens. Er schreibt: »Dieser Teil des Landes der andalusischen Turduler, in dem Córdoba war und wo es jetzt liegt, wurde in alten Zeiten für das gehalten, was er in Wirklichkeit ist: für einen der ausgezeichnetsten der Welt. Die Zeugnisse dafür sind von alters her zahlreich und wohl begründet, und die Erfahrung unserer Zeit bestätigt sie.

Denn die Güte und die Vorteilhaftigkeit eines Landstriches erkennt man an der Makellosigkeit und Segensfülle des Himmels, die ihm entsprechen; an der Fruchtbarkeit, Ergötzlichkeit und kühlen Frische seiner Felder; dazu an den vorzüglichen Geistern, die er hervorbringt. Der Himmel schenkt die Milde der Luft, die Gesundheit und langes Leben, verbunden mit der Feinheit des Gemütes, verbürgt. Die Fruchtbarkeit gewährt Reichtum an Lebensgütern und Erwerb. Die Frische lädt dazu ein, die Heimstatt liebenswerter und angenehmer zu machen, und verleiht dazu gemeinhin den Wunsch, Gott hoch zu preisen und ihm für all das zu danken, was seinen Geschöpfen so heiter die Augen füllt.

Und die bedeutenden Menschen, die die schönste Frucht des Landes sind, ja, dasjenige, was ihm am meisten zur Ehre gereicht, dienen dazu, es zu veredeln und zu vermehren. Nun, als Geschenk Gottes – weithin sichtbar – ist Córdoba immer etwas Außergewöhnliches, entsprechend all diesen vier Wesenszügen und unter diesen vier Gesichtspunkten einer gesegneten Stadt, gewesen.«[87]

De Morales unterteilt die Region an anderer Stelle in drei Abschnitte, wobei er sich auf Strabo (63 v.–26 n. Chr.), Plinius den Älteren (23–79 n. Chr.) und auf Klaudios Ptolemaios (geb. um 100 n. Chr.) beruft: im Norden die Berge mit dem in die Niederung ragenden Terrassenrumpf des 'Arūs, auf dem einst die märchenhafte Palaststadt aẓ-Zarāh erbaut wurde, im Süden die fruchtbare Ebene der Campiña, durch die in engen und weiten Schleifen der im Unterlauf schiffbare Guadalquivir – einst Baetis Tarteso und Circio genannt – seiner sumpfigen Mündungsgabel entgegenfließt, und schließlich die Stadt Córdoba selbst.

Mehr als jede andere iberische Stadt ist sie von ihrer maurischen Vergangenheit geprägt: da sind die niedrigen Häuser mit ihren Balkonen und vergitterten Fenstern, da sind die patios und Brunnenplätze, die Reste des Alcázar, die

Brücke und vor allem die Moschee. 'Abd ar-Raḥmān I. ließ den Erstbau errichten, und 'Abd ar-Raḥmān III., der Erbauer von az-Zarāh schrieb:

Woll'n Könige zur Dauer führen je
die mächtigen Gedanken an die Ewigkeit,
dann sprechen sie die Sprache ganz allein
der hehrsten Bauten ihrer kurzen Zeit.

Denn nur ein Bau in unerreichten Maßen
vermag, was jetzt ist, überwinden ins Dorthin;
nur er bestimmt die herrscherliche Würde
und zeugt hinfort von seines Gründers Sinn.[88]

Und alles ist erfüllt von der goldenen, nach Orangen duftenden Luft, der große Moscheehof (ṣān) mit der ihn umfassenden Galerie (zulla), der Markt (sūk), die Paläste (munya) und die Palastgärten (ha'ir).

»In Córdoba und seinen Menschen kämpft«, wie es Vicente Aleixandre ausgedrückt hat, »eine tiefe Melancholie mit einer leuchtenden Sinnenhaftigkeit. Das Gold, das Karmin-, das Granatrot, die warmen Farben; sie entzünden sich an der mächtigen Sonne über der reinen Blöße, während der Pflanzentrieb einen antiken Marmor durchbohrt, auf dem die großen, grünen Blätter ruhen, noch, in den Mittagsstunden, voller Saft; in denen des Nachmittags überreich, und wohl in denen der Nacht mit leuchtenden, sprühenden Augen, die sich nach der vollständigen Liebe sehnen.

Da ist Pracht im Zorn, in der Liebe, selbst in der Durchsichtigkeit. (›Die harmonische Dahlie, der blühende Wein und die Palme, die trunkene Palme‹: Ricardo Molina). Da ist die Weihe der Sinne im geistigen Hervorbrechen (›Die Steine der Kirchen, wie schlafendes Fleisch‹: García Baena).

Es ist der Süden, der nach Osten blickt (›Über das Meer und die Wüste, zwischen Oliven und zwischen Orangen‹: Juan Bernier). Das Blut gleicht dem der roten Granate. Das Blau des Himmels, das allertiefste, ist grausam, von reiner Schönheit. Und die Seele... beladen mit Farben, mit Duft, ist ein heftiges Sichsehnen nach makelloser Reinheit (›Leiern, Theorben, Lauten‹), nach dem, was sich schließlich in eines als musikalische Inkarnation erhebt. Aber die Marmore sind römisch. Und sie sind ebenfalls dort, wie das Nackte und der Stein (›Denn zwischen den Säulen trauert der Efeu‹).

Die geteilte Seele Córdobas – die orientalische, die römische –: dort ist sie, in einer gewissen reflektierten, beunruhigenden, tiefverborgenen Synthese, in der die Gegensätze sich leidenschaftlich vereinen.«[89]

Mit diesen odenhaften Gedanken haben wir uns unvermittelt der Großen Moschee genähert. Von außen betrachtet wirkt sie breit, ein wenig schwermütig, vielleicht gar abweisend. Und hätte nicht das Christentum seine Kathedrale mitten in sie hineingesetzt, dann könnte man wohl die abgekehrte Demut verspüren, die dem muslimischen Denken innewohnt und dem lärmenden Tagesgeschehen entgegengekehrt ist, es abwehrt.

Doch die eher abweisende Herbheit des Äußeren wird gemildert, wenn man Einzelheiten wie etwa die Tore und kleinen Pforten betrachtet, wenn man dem Gesimsverlauf folgt, der die Tore bandhaft und kaum erhaben umspannt, und wenn man das Kranzgesims und die Zinnenkrone anschaut, die von einem mehr trägen Rhythmus bestimmt sind, der den ›Atem‹ des Gesamtbauwerks jedoch noch nicht fühlbar werden läßt.

Vom ehemaligen Minarett aus betrachtet ruft der Riesenbau mit seinen die Schiffe kennzeichnenden flachen Satteldächern, die zum Teil an der Front- und Rückseite trapezförmig ›abgekegelt‹ sind, einen Eindruck des Zeltlagerhaften hervor, der an die alten befestigten Wüstenlager der Beduinen erinnert.

Und so entspricht denn, wie es einmal sehr treffend Luis María Cabello y Lapiedra, ein begabter Architekt, aus Anlaß einer Sitzung der ›Sociedad Española de Excursiones‹ im Sommer 1899 ausgedrückt hat, das Äußere des Bauwerks nicht dem Inneren, und es findet sich in ihm, der allgemeinen Gesetzlichkeit der arabischen Kunst entsprechend, die kriegerische Vorzeit wieder.

In aller Tiefe seines Ingeniums individualisiert sich der Araber in seinen Schöpfungen; er ist bis zur Grenze der sinnlichen Befriedigung ichbestimmt; sein inneres Leben atmet Gelassenheit und Ruhe – am augenfälligsten in seinem heimischen, häuslichen Bereich, so sehr er auch nach außen hin, offenbar kriegerisch, politisch-nachdrücklich in Erscheinung tritt.

Nur aus diesem Grund und eben aus einer in der Zeit angelegten verteidigungsbereiten Notwendigkeit heraus zeigt das arabische Bauwerk einen ernsten, lastend-bergenden Außenaspekt, der augenscheinlich alles Leben, seine Regungen, seine Verästelungen, seinen Puls außer acht läßt. Es ist dem Draußen abgewandt, steht ihm scheinbar feindlich gegenüber.

Dennoch verrät es seine innere Disposition, seine in sich vollendete Struktur ohne Verstellung, indem es die Eigenheiten in der naturhaften Eigenwertigkeit des Terrains, auf das es sich gründet, bis zur Gänze nutzt. In seinem Inneren sodann ist es voller Leben, Lust, Charme, Sinnlichkeit oder besser Sensualität, voller Poesie und Verlockung, leuchtender Farben und maßvoller Formen.

Doch die Üppigkeit ist dennoch zurückhaltend in dem Sinn, daß sie die Seele nicht zum Flug über sich selbst hinaus anregt, sie nicht in jenes wie auch immer geartete Unbestimmte führt, von dem wir schon einmal sprachen, als wir seine geistigen Wurzeln im Beduinischen aufspürten. Außerhalb dieses Innenbereichs sucht der muslimische Geist weder Höhe noch Weite, noch Verheißung: einzig in der träumerischen In-eins-Schau, in der die Inspiration die Sehnsüchte gleichsam kristallisiert, werden die Ewigkeiten und leuchtenden Weiten eines seligen Lebens erahnt.

Nimmt man die spirituellen Züge, die aus dieser Baukunst sprechen, als real – und sie lassen sich ohne Mühe im architektonischen Nachweis belegen –, wo sind dann die geistigen Entlehnungen aus dem Byzantinischen, Griechischen und Römischen? Wo bleiben die Ansprüche, die die abendländische Kritik so maßlos oft erhoben hat, wenn man zu den uralten, wesensbildenden Begründungen dieser baulich-poetischen Manifestation hinabsteigt? Wo steckt das angebliche Eklektische, das sich in Córdoba – wenn überhaupt – allenfalls in der Aneignung und baugliedhaften Einfügung der zahlreichen Spolien in die weite Säulenhalle finden läßt?

Schon Goethe schrieb (wobei er vor allem an Cicero dachte): »Wo der Eklektizismus aus der inneren Natur des Menschen hervorgeht, ist er gut. Wie oft gibt es Menschen, die ihren angeborenen Neigungen nach halb Stoiker und halb Epikureer sind. Es wird auch deshalb kaum befremden, wenn diese die

Grundsätze beider Systeme in sich aufnehmen, ja sie miteinander möglichst zu vereinigen suchen.

Etwas anderes ist diejenige Geistlosigkeit, die aus Mangel an aller eigenen inneren Bestimmung wie Dohlen alles zu Neste trägt, was ihr von irgendeiner Seite zufällig angeboten wird, und sich eben dadurch als ein ursprünglich Totes außerhalb aller Beziehung mit einem lebensvollen Ganzen setzt.«[90]

Auf die arabo-andalusische Baukunst bezogen wird noch wichtiger, was Cabello y Lapiedra über sie in diesem Zusammenhang gesagt hat: »Es gibt gar keinen Grund dafür zu vermuten, daß ein Volk wie das arabische, das mit vielen großen asiatischen Kulturvölkern verwandt ist, sich selbst dem Spott, barbarisch und ignorant und ohne einen Zug geistig-zivilisatorischer Regsamkeit zu sein, preisgegeben hätte, und es gibt noch viel weniger ein Motiv dafür, wenn selbst die klassische Kunst Griechenlands ihre Vorläufer in Asien und Ägypten hatte, gegen die Araber aufgebracht zu sein; hätten sie doch das widervernünftige Extrem erfüllen sollen, eine Zivilisation, eine Kunst frei und ohne irgendeinen, noch so schwachen Einfluß zu begründen.«[91]

Wahrscheinlich hat auch Ernst Kühnel, aus der Kenntnis der kontrovers und mitunter heftig geführten Diskussion heraus, zu der Feststellung gefunden, daß die arabisch-umajjadische Bautätigkeit – das gilt ebenso für Damaskus wie für Córdoba – durch das Vorhandensein der seit der Antike bestehenden administrativ-imperialen ›Leiturgie‹ – der leiturgia der Griechen –, mithin der zwangsweisen Bereitstellung von Baumaterialien und zumeist handwerklich hochbefähigter Arbeiter aus allen Teilen des Reiches, verbunden mit einer leihweisen Überlassung von Künstlern und Baumeistern, vornehmlich aus Griechenland, Äthiopen (Kopten), Persien (Sassaniden) und Byzanz, einen hohen Aufschwung erfuhr.

»Man ist«, so sagt er, »dabei leicht geneigt, den Einfluß dieser fremdgläubigen Elemente und die nun einsetzende Kunstentwicklung (nach dieser Richtung) zu überschätzen und vergißt dabei, daß es im wesentlichen nur darauf ankam, aus ihrer handwerklichen Erfahrung Nutzen zu ziehen, daß aber entscheidend immer die Bauabsichten der arabischen Auftraggeber selbst waren.«[92]

(Es heißt, daß 'Abd ar-Raḥmān I., der 786 mit dem Bau begann, seine architektonischen Vorstellungen und Absichten in eigenen Zeichnungen entwickelt habe – ein Umstand, der Kühnels Hinweis genau bestätigt.)

Es waren also der deutliche Bauwille und der sich in ihm ausdrückende architektonische Impetus sowie schließlich die ihm entsprechende ethisch-historisch a priori wirkende und apriorisch tief gründende Intuition und Inspiration gleichermaßen, die zu dem führten – umweglos und in sich schlüssig –, was heute als ›arabische‹ oder ›islamische‹ Kunst bezeichnet wird: vom frühen Symbolismus, von dem auch Córdoba gelenkt ist, über die klassizistische Blüte, die mit aẓ-Zahrā' begann und in Granada zu Ende ging, bis zur Dekadenz, die indessen nicht überall und in gleichem Umfange erkannt werden mag.

Dieser Bauwille aber band sich eng und überall an einen gärtnerischen Grundgedanken, der im Koran und in der vorislamischen Poesie gründete. Der frische und so sehr aromatische Duft der blühenden Bitterorangen des großen ›sān‹ weist auf ihn hin, und er war es auch, der im 12. Jahrhundert den córdobanischen Dichter al-Assam zu dem zarten Gedicht »Die unreife Orange« drängte, das zeigt, wie sehr religiöser Sinn in die natürliche Einfalt des wirklich erlebten Um-uns-Seins verwoben bleibt:

Kleine Tochter dieses Tales,
die der Regenbogen küßt,
dessen liebevolles Leuchten
sie geheimnisvoll umfließt.

Wunderschauspiel anzusehen:
Hier erstrahlet reines Gold;
dort ein funkelnder Smaragdstern,
von dem Silbertau jetzt rollt.

Moses, Gottes Künder, zündet
hier ein Strahlenflämmchen an;
dort leiht grün und heimlich Khadir
seine Segenshand sodann.[93]

Hier verschmelzen Farbe und Symbol in einem spontanen, bildhaften Erleben, das der sakrale Raum gewährt, noch bevor man seiner ›atmenden Stille‹ in den hundertfachen Säulen- und Bogenalveolen ansichtig wird, die ihn – so empfand es Cabello y Lapiedra – zum Leben veranlaßt haben. Wenn wir nun die Moschee betreten, um ihre architektonische Geschichte, die in ihren Baugliedern niedergelegt ist, nachzuvollziehen, dann sollten wir dieses Bild mitnehmen.

Ferner sollten wir vor Augen behalten, was José Caveda in seiner »Geschichte der Baukunst in Spanien«, die der Dichter Paul Heyse ins Deutsche übersetzte, ausführte: daß nämlich »vor allem zu beobachten ist, daß die Architektur der Araber auf dem Koran steht, wie die christliche auf der Bibel.«[94]

Doch wenn sich der spanische Kunsthistoriker auch bemühte, der maurischen Kunst gerecht zu werden – sein bewunderndes Erstaunen über ihre ›fremdartige Schönheit‹ entbehrt nicht der Aufrichtigkeit –, so zog er dennoch aus seiner Erkenntnis keine Konsequenzen, die die kulturelle Leistung aus dem Geist des Glaubens heraus begriffen. So blieb die wertvolle Prämisse wirkungslos, und die aufgrund falscher Voraussetzungen gewonnene Conclusio geriet zum Zerrbild, das der geistes- und kunstgeschichtlichen Fehldeutung den ›zeitgemäßen‹ Weg ebnete.

Durch die Puerta del Perdón gelangt man zunächst in den ›sān‹, den weit sich öffnenden Innenhof, der mit seinen Palmen und Orangenbäumen wie ein paradiesischer Garten wirkt und einem die ganze Intimität dieses ›Zugangs zum Ganz-Innen‹ vermittelt. Rechter Hand ist das ›postigo de la leche‹, das Milchpförtchen, doch den Blick zieht es durch die exakt geometrisch angelegten Orangenrabatten mit den Brunnen in jeder der drei Gartenrauten zur Puerta de las Palmas – ein Name, der historische Assoziationen erweckt.

Dieses Palmentor liegt genau dem ›Tor der Gnade‹ gegenüber, und wenn die Sonne ganz hoch steht, scheint sich in die steinerne Einfriedung die wolkenlose

Azurkuppel des Himmels hineinzuspannen. Blau liegt auf Gold, oder Gold ist irisierend in Blau eingewoben, von ihm durchadert: Das macht das Flirren der Strahlen über dem Oasengeviert, aus dem, eingebettet in grüne Blattkelche, die blaßrosa und weißen Blüten der Zitrusbäumchen hervorleuchten.

Und dann nimmt die Große Moschee selbst den Besucher auf. Das grelle Sonnenlicht wechselt abrupt mit dem Dämmerlicht in dem gewaltigen Wald der achthundert, zumeist antiken Säulen, von denen jede ihre eigene Geschichte erzählen könnte: die Geschichte ihrer Herkunft und ihrer ursprünglichen Bestimmung.

Aus ganz Iberien, aus Gallien, Nordafrika, Byzanz und von anderswo wurden sie hierhergebracht, und viele von ihnen scheinen ihre einstmalige Schwere verloren zu haben, die ihnen andere räumliche Bedingungen und andere statische Gegebenheiten aufgenötigt hatten. Sie verbreiten – unter den reich geschmückten, polychrom leuchtenden Holzdecken mit den geschnitzten, kostbar übermalten Tragebalken – das beinah sprichwörtlich gewordene architektonische ›Lächeln‹, das, bei aller Getragenheit des ›ausflutenden‹ Säulenraums, eine ›ernste Heiterkeit‹ hervorruft und unausweichlich auf den Betrachter überträgt.

Im Vergleich zu christlichen Kirchen oder antiken Tempeln fällt hier auch dem architektonisch Unkundigen auf, daß die Säulen – außer im ältesten Teil der Moschee, den 'Abd ar-Raḥmān I. in nur einem Jahr an der Stelle der alten Kirche St. Vinzenz bauen ließ – fast ›geradschäftig‹, das heißt ohne konische oder ›schwellende‹ Auswuchtung sind. Selbst die Basen sind, wenn überhaupt, nur schwach verbreitert, und so wachsen die Schäfte gerade aus dem Boden empor, um sich über die Kapitelle hinweg in übereinanderstehenden Doppelbogen zu verbinden, welche von kurzen Pfeilern gestützt werden, die wie organisch-florale Äste wirken, die vom Stamm am Schaftende gleichmäßig austreiben.

Betrachtet man die Säulen und Bogen in ihrer Gesamtheit, dann entsteht der Eindruck eines steingewordenen Palmenhains, der aus dem einst wohl reich geschmückten Mosaik-›pavimento‹ herauswächst und nach dem ausdrücklichen Willen des ersten 'Abd ar-Raḥmān auf dem andalusischen Thron ›angelegt‹ wurde.

Der fürstliche Emir entwarf die Pläne selbst[95], denn er wollte – so schreibt es Conde in seiner »Geschichte der Herrschaft der Araber«, in der er sich wohl auf eine entsprechende Bemerkung des orientalischen Historikers Al-Aini[96] stützt – dem Geist seiner Väter aus Damaskus in diesem Bauwerk Dauer verleihen. Seine Nachfolger, die den Bau in Anbetracht der rasch wachsenden islamischen Gemeinde beträchtlich vergrößerten, bewahrten diesen ursprünglichen Baugedanken, so daß die Moschee ihre geistig-kulturelle Einheit unversehrt behalten hat.

Die Wurzeln dieser Einheit aber finden wir wiederum in den beiden Lebensquellen und Triebkräften des Erbauers: seinem beduinischen Erbe und dem auf ihm beruhenden Koran.

Caveda, der Restaurator der Alhambra, erkannte das um die Mitte des vergangenen Jahrhunderts ganz klar, und man muß sich eigentlich wundern, daß nicht alle späteren Forscher diesen augenfälligen Charakterzug des majestätischen Bauwerkes, an dem vorbei der Guadalquivir lebendig seine Wasser zur

Mündung führt, beachtet und zum Ausgangsort ihrer Interpretationen gemacht haben.

»Wie fast jeder künstlerischen Bemühung geht es auch der islamischen Kunst um eine sinnliche Sichtbarmachung des Wirklichen, jenes Wirklichen, das als wahr und als lebensbestimmend empfunden wird. Für den Islam ist die Wirklichkeit das Unmittelbare und doch Allgegenwärtige, die überall sich manifestierende und doch über jede Beschreibung erhabene Macht des einen Gottes, die nicht zu fassen und der nichts gleichzusetzen ist.«[97]

Hier wird deutlich, wie eng altbeduinisches Erbe, koranische Weihe und individuelle Würde in dem symbolischen Sinnwert zusammengebunden sind, der Himmel und Erde, Schöpfergott und Geschöpf zugleich trennt und in Eins führt. Und aus dieser Zusammenbindung heraus wird eine Bauaussage getroffen, die in sich eigen und unvergleichlich, nicht eklektisch, sondern gedanklich, gefühlshaft religiös und ganz und gar autochthon ist. Ihr psychologischer Nukleus aber ruht im Koran, dem Buch, dessen Lettern Gott selbst durch den Propheten den Menschen zur demütigen Betrachtung und Beachtung ins Herz geschrieben hat als die Verkündigung seines Willens im Werk, als die Darlegung seiner endlos vollkommenen Tat.

Nichts hat der Mensch aus eigener Kraft getan, noch kann er je tun. Er steht immer unter der weltfernen und doch im Glauben so nahen Autorität Gottes, der in sich Ein und Alles ist. Das ist gedanklich auch der Untergrund und zugleich der theologische Hintergrund, der allem Bauen und Gestalten innewohnt, wie das wiederum in ihrer herrlich klaren Sprache die 59. Sure (Vers 24) des geoffenbarten Buchs des Islam ausdrückt:

Nur er ist Gott,
ist Allerschaffer
und Gestalter,
und diese Namen nennen
einzig ihn.
Ihn preist, was dort im Himmel ist
und hier auf Erden;
ihn, den Erhalter,
den Mächtigen und Weisen, ihn.

Dieser Anspruch bezieht sich auf alle Äußerungen künstlerischer Gestaltung und Entfaltung im Islam. Und um seinen tiefen Gehalt zu verdeutlichen, der im Symbol als dem sinntragenden Element der sprachlichen Unmittelbarkeit Allāhs liegt – die Sprache ist die erhabenste Manifestation Allāhs am und im Menschen – nennt Stefano Bianca[98] den 99. Vers der sechsten Sure. Doch er erwähnt ihn nur, ohne ihn dem Leser in seinem psalmodischen Wortlaut zugänglich zu machen. Das aber ist nötig, denn der diesem Vers zugrunde liegende Gedanke bildet das inhaltliche Fundament für den Baugeist und seine absichts- und einsichtsvolle Erfüllung:

Vom Himmel sandte er die Wasser uns;
so drängten alle Pflanzen wir zur Saat;
aus ihr das Grün, das in den Ähren reich

die Körner quellend aufgeschichtet hat,
und aus der Palmen voller Scheidenenge
hängen herab die Datteltrauben tief,
und Wein, Ölbäume, der Granaten Tracht,
fruchtgleich und ähnlich er zur Reife rief.
Schaut ihre Früchte; schaut ihr Reifen an:
Zeichen sind sie dem Gläubigen (der sehen kann).

Diese Zeilen enthalten den Schlüssel zum Verständnis der verborgenen und doch auch offenbaren Zusammenhänge in der islamischen Weltsicht und damit auch in der islamischen Kunst: der Koran betont immer das Zeichenhafte, das symbolisch über sich selbst Hinausweisende der Naturerscheinungen, und die Kunst weist darum – mehr noch als die christliche – immer auf das untergründig-spirituelle Wirken des einzigen wirklichen Bildners und Gestalters hin.

Es ist kein Zufall darin, kein Sich-Anlehnen an ältere Vorbilder, wie die Säulenschäfte und die in Doppelbogen sich ›ausfaltenden Zweige‹ die Palme hainhaft konkret werden lassen. Auch Ernst Kühnel erkannte das zweifellos, und umschrieb es, wohl aus einer gewissen Formbefangenheit heraus, damit, daß statt des sonst in Córdoba üblichen Rundbogens der offenbar durchgängig von den Westgoten übernommene Hufeisenbogen den Typus bestimme.[99]

Anschließend trifft er eine Feststellung, die einerseits nicht die erforderliche Prägnanz zeigt, und zum andern zu einem Schluß (ver)führt, der am Eigentlichen vorbeigeht, nämlich daran, daß das Bauwerk sichtbarer und beabsichtigter Ausdruck einer religiösen Sprache ist:

»Die Verwendung von Säulen minderer Größe und, wie bei der ursprünglichen Moschee, von verschiedener Höhe; ihre Einfügung in einen niederen Raum großer Weite und den jeweiligen Bedingungen angepaßter Höhenmaße, schuf die Schwierigkeit, die (allerdings) keineswegs der Moschee von Córdoba allein eigen war. Die Erbauer der aghlabitischen Moscheen von Ifrīqija kannten sie oder müssen sie bis zum Übermaß gekannt haben.

Man weiß, wie diese Künstler, augenscheinlich angeregt von der Amr-Moschee (in Fustāt), die Kapitelle durch eine keilförmig den Kapitellscheitel fortsetzende Deckplatte erhöht hatten, die die Tragfläche vergrößerte; sodann durch Schlußsteine, an die sich hölzerne Bindebalken schlossen und schließlich (ebenfalls aufgekeilt) Gesimsleisten, welche die absteigenden Hufeisenbogen aufnahmen.

In den alten Schiffen sind die Kapitelle durch einen Schlußstein erhöht worden, der – außer den Bogenenden der Hufeisenbogen – eine Konsole mit einem aufstehenden, gemauerten Pfeiler hat, einen wahrhaftigen Schlußstein, der, oberhalb der Außenwölbung dieser inneren Bogen, durch die Zwischenlagerung von (auskragenden) Simsen, ein zweites Bogenstockwerk seiner Rundbogen aufnimmt.

Der wesentliche Unterschied zwischen der Lösung von Córdoba und der von Fustāt oder Kairuan besteht im Ersatz der hölzernen Verankerung durch die Steinmetzbogen, die sogenannten Zwischenstrebbogen. Dieser Unterschied ist beträchtlich. Die Erfindung dieser Kunst mag in den Erbauern durch gewisse römische Aquädukte, die auf hohen Mauerwerkpfeilern zwei Bogenstockwerke vereinen, angeregt worden sein. Man kennt sie von Afrika und Spanien, vor allem von Merida, und nennt sie ›los milagros‹.«[100]

Diese römischen Aquädukte sind allerdings Wunderwerke, und ihre Bezeichnung trifft auf sie zu. Doch ausschlaggebend ist nicht so sehr die lediglich äußerliche, eher zufällige Ähnlichkeit zwischen ihnen und den Bogeneinheiten, die die Säulenhalle der Großen Moschee in neunzehn Schiffen gliedern, sondern die völlig unterschiedliche Bauabsicht, die beiden Werken zugrunde liegt. Es ist sogar durchaus gewagt, von dieser Ähnlichkeit auf eine Entlehnung zu schließen, denn einmal stimmen die Proportionen zwischen den jeweiligen Bogen in keiner Weise überein, und zum anderen läßt sich wieder eine geistige noch eine strukturelle Verbindung herstellen zwischen den grazilen Säulen-Pfeiler-Bogen-Konstruktionen der Moschee und den wuchtigen, backsteingemauerten, durchgehend gleich breiten Pfeiler›wänden‹ der Aquädukte mit ihren vorstehenden Mittelschäften und den vielfach querverstrebten Konsolsimsen.

Lediglich phänomenologisch besteht eine Gemeinsamkeit zwischen diesen beiden eigentümlichen Bauweisen mit Doppelbogen, die in Córdoba emporgeführt sind, als ob nichts auf ihnen laste, die mit ihrer Gewichtlosigkeit, mit ihrer spielerischen Verzweigung allen herkömmlichen statischen Einwänden ›lächelnd‹ zu trotzen scheinen.

In der Säulenhalle der Großen Moschee gelten ungewöhnliche statische Maßstäbe, die sich aus der Größe des Raums und der Vielzahl der Schiffe im Verhältnis zu der geringen Deckenlast und dem dadurch geradezu gegen Null reduzierten Schub der Auflast herleiten. Und es waren die in Architektur übertragene Sprache und die aus ihr fließende Geisteshaltung 'Abd ar-Raḥmāns I. und seiner Nachfolger, die diese Leichtigkeit geschaffen haben.

Der Bauhistoriker, der die geistesgeschichtlichen Grundlagen, die diesen Wunderbau ermöglicht haben, geringachtet oder gar unbeachtet läßt, begibt sich an einen methodisch-historischen Abgrund, den keine noch so strenge Berücksichtigung baulicher Form- und Stilgesetze in ihrer jeweiligen raumgeometrischen Eigenart zu überbrücken vermag. Die Baugeschichte muß hier zugleich literaturgeschichtlich antworten; antworten auf immer noch offene, der Lösung indessen nahe Fragen, deren Veranlassung im Koran und in den dichterischen Aussagen des ersten Bauherrn der Mezquita-Aljama (der Großen Freitagsmoschee) vorweggenommen ist.

Ähnlich wie seine damaszenischen Vorfahren hielt es auch den ›Falken der Quraiš‹ nicht in der Stadt; er residierte, so oft er nur konnte, draußen vor ihren Toren, zurückgezogen in der heiteren Einsamkeit von Ruṣāfa, das ihn an das Ruṣāfa seiner Väter, unweit von Damaskus gelegen, erinnerte. Dort war es auch, wo ihn das Heimweh nach Syrien, nach der Wüstenoase, nach dem verlorenen Paradies seiner Heimat ergriff, als er dort eine einsame Palme erblickte, die – leicht geneigt – ihre breitgewedelten Blätter über einen niederen Abhang breitete. Und dort fand er zu jenen Versen, die – Lévi-Provençal hat darauf aufmerksam gemacht[101] – fortan seine Gedanken lenkten und auch seine Baupläne für die Große Moschee, die er 785 bis 786 errichten ließ, in nachhaltiger Weise beeinflußten. Ruṣāfa hatte er ein Jahr zuvor anlegen lassen.

An der Stelle, an der, drei Kilometer nordöstlich von Córdoba am Ufer eines Flüßchens, früher die dār-al-imāra, der alte Palast des arabischen Gouverneurs, stand, ließ er ganz nahe am südlich vorbeifließenden Guadalquivir einen neuen Palast für die Kanzlei erbauen, und – dicht dabei –, von Gärten rings umgeben, residierte er selbst, wann immer er ein wenig Ruhe in der Hektik seines Regierungsalltags fand.

Den Namen des Platzes hatte er selbst gewählt: ar-Ruṣāfa war der Name eines Sommersitzes nordöstlich von Palmyra, zwischen dieser Stadt und dem Euphrat gelegen, den der Kalif Hišām, sein Großvater, 728 mitten in bewässerten Gärten hatte anlegen lassen.

Die Nachfolger Hišāms, die sich wie er nicht damit abfinden konnten, längere Zeit außerhalb der Wüste ein Leben zu führen, das ihrer Natur als Beduinen widersprach, machten fast eine Gewohnheit daraus, oft monatelang in dem einen oder anderen (Wüsten)schloß, das ihre Väter in der Umgebung von Hišāms Ruṣāfa errichtet hatten, zu verweilen. Der nach Spanien Emigrierte glaubte es einst in dem córdobanischen Ruṣāfa wiederzufinden, als er während eines Spaziergangs die bereits genannte Palme entdeckte, die ihm das Schlößchen von Palmyra in Erinnerung brachte.

Es trieb ihn, das folgende kleine Gedicht zu schreiben, das wahrscheinlich[102] mit dazu verhalf, eine baugeschichtlich selbständige und zugleich literarische Tradition zu begründen:

In Ruṣāfa sah ich einst eine Palme,
im Westen stand sie, wuchs auf fremdem Grund,
weit von der Heimat, ihresgleichen fern,
und was ich dachte, das tat ich ihr kund.

Auch ich, du siehst es, lebe im Exil,
von meinen Kindern, von den Lieben jäh getrennt.
Du wurdest groß in einer fremden Erde;
wie du, so bin auch ich, was man verlassen nennt.[103]

Hierin begründet sich in der Tat das Phänomen des Palmenhaften, das sich zu einem baulich-floralen Symbol verdichten sollte und dem man sich in der Großen Moschee nicht oder nur mit Mühe entziehen kann. So schreibt denn auch Julius Meier-Graefe, der – unverständlich genug – die große maurische Kunst auf seiner ›Spanischen Reise‹ (1923) fast ignoriert hat, in einem Brief vom 11. Mai 1922:

»Ich komme in der Moschee zu keinem rechten Bilde. Der Eindruck ist natürlich da, aber ich weiß nicht, wohin damit, und es fehlt die Lust, darüber nachzudenken. Man ist durch unsere Begriffe von Architektur zu diszipliniert, um einem Bau gerecht zu werden, an dem die Architektur das Geringste ist. Die so und so viel hundert Säulen geben Menge, nicht Masse. Allenfalls ein Labyrinth, beunruhigend. Es fehlt ganz und gar die lebendige Kraft der Materie, das Vervielfachende verständiger Verhältnisse. Die Bedeutung der Säulen wird durch die Bogen aufgehoben. Die weißroten Streifen der Bogen, an sich sehr hübsch, geben die Illusion flatternder Zelte, allen Vorstellungen vom Steinhaften diametral entgegengesetzt. Und die unter Karl V. geschaffenen Gewölbe der Decken passen dazu wie die Faust aufs Auge. Wo man sie bereits weggenommen hat, sieht es besser aus. Der zweite Mihrab sehr prächtig und, wenn man sie wieder auf seine Säulen gestellt haben wird, sicher ein schönes Exempel dieser Filigranarchitektur. Die Mosaiken an sich sehr prunkvoll. An sich ist alles wunderschön, aber die Verwendung verstimmt. Die Art ist für Buchschmuck geeignet. Die Koran-Nische süßes Zuckerwerk. Tausendundeine Nacht...«[104]

Nun mag es sein, daß der damalige Zustand der Unvollständigkeit (das Bauwerk wurde restauriert) zu diesem Urteil geführt hat, wenn es auch merkwürdig genug für einen Mann ist, der das Phänomen seinem Wesen nach erkannt hatte, wie es auch die bildhafte Assoziation zum Ausdruck bringt, die er im Palmenwald von Elche am 12. Juni 1922 in die Bemerkung kleidete, daß man in diesen Palmenalleen an die Moschee von Córdoba denken müsse: »Aus solchen Strahlenbündeln mögen die Araber ihre Formen gewonnen haben. Das unorganisch Phantastische des Modells kommt in der Kunst wieder, der Mangel an Masse trotz allem Reichtum an dekorativen Effekten.«[105]

Man mag Meier-Graefe aber zugute halten, daß er auf der Suche nach seinem Maleridol Velazquez nach Spanien kam, um hier – ganz wider Willen – dem Genie El Greco zu begegnen und sodann vergaß, weshalb er eigentlich gekommen war. In diesen Zusammenhang gehört indessen auch der Satz von Émile Male: »Ich ging mitten in diesen Säulenwald hinein, unter den Bogen, die sich wie Palmen wölbend herabneigten.«[106]

Wie sehr aber das Bild der einsamen, auf einen fremden Boden verschlagenen Palme in die spanische Literatur hineingewirkt hat, davon zeugt in eindringlicher, einfühlsamer Weise das Gedicht »Die Wüstenpalme«, das Enrique Gil y Carrasco, der romantische Sänger einer spanischen ›paysage intime‹, geschrieben hat, und das auch seiner äußeren Form nach seine arabo-andalusische Herkunft nicht verleugnen kann, wiewohl der Dichter selbst nicht aus Andalusien, sondern aus Villafranca del Bierzo, also aus dem alten Königreich León stammte.

Daß er als die ideale Heimat seiner verlassenen Palme allerdings Andalusien betrachtete, macht die landschaftliche Szenerie vor den Bergen, in der auch Zuckerrohr gedeiht, in köstlicher Weise sinnfällig:

Göttliche Palme! Herrin des Wüstenmeers.
Emblem aus Hoffnung und aus Ruhm gemischt,
aus Glaubenseinsamkeit, o stilles Tor,
das himmlisch weisungsvoll in mein Erinnern bricht.

Warum wächst du in diesem toten Meer
und unter dieser Sonne, die dein Laub verbrennt?
Warum schenkst du den Ufern einer heitren See
nicht die Verheißung, die dein Laubkleid nennt?

Sag an: In diesem Boden, den der Wind verweht,
die Sonnenglut verglüht und gnadenlos versteint,
wächst du als ein verlassnes Denkmal fort,
als letzte Blüte, die ihr Grab beweint.

Vielleicht erblühn in dieser Eb'ne einst
Riedgräser grün und gelbes Zuckerrohr,
von sanften Winden liebevoll bewegt,
vor höchster Berge bergend festem Tor.

Vielleicht, daß ihre Menschen mit gebräunter Stirn
sich jubelnd wenden zu dem neuen Land
und schaun der blühend schönen Heimat Raum
von Gipfeln, die sie nie zuvor gekannt.

Vielleicht, daß ihre Frauen mit gelöstem Haar
zum Tamburinen- und zum Paukenklang
in himmlisch lauen Maiennächten still
sich wiegen unter'm Mond bis Sonnaufgang.

Alles vergeht, und Schönheit, Glück und Sieg,
es tragen sie des Todes Wogen fort;
alles vergeht; die Blätter der Geschichte nie
erzählen von des Todes Schattenhort.

. . .

Alles vergeht: So wie in diesem Laub
verweht in mir der Wüste Hurrikan.
Nachthell erstrahlen viele Sterne mir
und fachen mein verblichnes Traumbild an.

. . .

Und endlich Himmelsblau, noch vage, unbestimmt.
Schönste Gestalten heben sich empor.
Land, das der lang vergessene Verbannte liebt:
In Lichtern klingt der Harmonienchor.[107]

Diese Bilder lenken Seele und Sinne wieder zurück in den oasenhaften Hof der Mezquita-Aljama. Durchquert man ihn von der Puerta de las Palmas her in Westrichtung, dann gelangt man zu dem prächtigen Miḥrāb-Raum, dessen Faszination man heute genauso erliegen kann wie seinerzeit der fürstliche Geograph und Historiograph Idrīsī.

Doch es ist kein Märchen aus Tausendundeiner Nacht, dem man hier begegnet, sondern die Wirklichkeit gewordene Vereinigung von heiligem Wort, von zu Formenharmonie gewordener Intuition, von zutiefst symbolischen Farbklängen und einem so nie erahnten Raumempfinden.

Über dem Scheitelbogen des Miḥrāb-Raums ist eine Inschrift zu lesen, die, nach der wiederholten Anrufung Allāhs als dem Barmherzigen und Allerbarmer, dem Bismalāh, dem Gläubigen den 23. Vers der 59. Sure zur immer zu erinnernden Mahnung in die Seele schreibt:

Er, Gott, ist Gott und außer ihm kein Gott;
er ist der König höchster Heiligkeit,
und alles Heil, es wohnt allein in ihm.
Nur er schenkt die Gewißheit, Sicherheit:
der Mächtige, Gewaltige, der stolze Herr der Welt;
er sei allein gepriesen, Gott!
Erhaben ist er über alle Götter weit,
die die Ungläubigen ihm beigesellt.

Aus diesem Geist heraus beschreibt Idrīsī die Moschee und vor allem den Kibla-Bereich, der sich, betreut von geschickten Restauratorenhänden, über siebenhundert Jahre hinweg unverändert erhalten hat. Die Beschreibung erweckt das gleiche Empfinden, das Amador de los Rios y Villalta hatte, als er in ›mystisch-historischen Gesichten‹ hinter der architektonischen die ›eigentliche‹ religiöse Schönheit und Wirklichkeit dieses Bauwerks erkannte.

Idrīsī schreibt: »Es ist das zentrale Viertel der Stadt, in dem sich das Brückentor und die Hauptmoschee befinden, die unter den muslimischen Gotteshäusern nicht ihresgleichen hat, weder was ihre Architektur noch die Großartigkeit ihrer Ausmaße, noch die ihres Ornaments anbelangt... Die Zahl der Schiffe beläuft sich auf neunzehn. Diejenige der Säulen – ich möchte nur die des überdachten Teiles nennen – liegt bei tausend[108], sowohl kleine als große, einschließlich derjenigen, welche die Kibla tragen, und auch derjenigen, welche die große Kuppel unterfangen.

Einhundertdreizehn Kandelaber dienen der Beleuchtung. Die größten besitzen tausend Lampen, die kleinsten zwölf. Die Decke dieses Gebäudes besteht aus geschnitzten Balken, die an das Dachgebälk genagelt sind. Alles Holz dieser Moschee stammt von tortosischen Pinien. Von einem Dachbalken zum anderen besteht ein Zwischenraum von der Breite eines Balkens. Die Deckenfläche, von der ich spreche, ist ganz flach und mit verschiedenen hexagonalen und kreisförmigen Ornamenten überzogen, die man faṣṣ (Mosaiken) oder dawāyir (Kreise) nennt.

Die Malereien gleichen einander nicht, sondern jede Deckenfläche stellt in sich ein ornamental-geschlossenes Ganzes von erlesener Formgebung und in den leuchtendsten Farben dar. Auf das prächtigste sind Zinnoberrot, Bleiweiß, Lapisblau, Mennigrot, Schimmelgrün und Antimonschwarz verwendet; das alles entzückt den Blick und erhebt die Seele wegen der Reinheit und Schönheit der Zeichnungen, ihrer Vielfalt und der glücklichsten Farbharmonie.

Die Breite eines jeden Schiffes des überdachten Raumes beträgt 33 Spannen.[109] Der Abstand zwischen Säule und Säule mißt fünfzehn Spannen. Jede Säule erhebt sich über einem Marmorsockel und mündet in einem Kapitell des gleichen Materials. Die Säulenabstände werden durch bewundernswert gestaltete Bogen überspannt, über denen weitere Bogen auf sehr schönen kantigen Steinsäulen pilasterhaft aufsteigen; sie sind alle mit Stuck oder Gips umkleidet und mit erhabenen Reliefkreisen geschmückt, zwischen denen rote Mosaiken hervorleuchten. Unter den Deckenflächen sind Holzpaneele, die mannigfache Koranverse enthalten.

Die Kibla dieser Moschee ist von einer Schönheit und Eleganz, die sich unmöglich beschreiben läßt; dazu von einer Solidität, die all das übersteigt, was menschlicher Geist an Vollkommenheit hervorzubringen vermag. Sie ist vollständig mit goldenen und farbigen Mosaiken bedeckt, die der Kaiser von Konstantinopel dem Umajjaden 'Abd ar-Raḥmān mit dem Beinamen annasīr lidin allāh gesandt hat.

Hier, ich möchte sagen neben dem Miḥrāb, schwingen sich sieben Bogen über Säulen empor; jeder dieser Bogen mißt in der Höhe einen Klafter[110]; alle sind ›emailliert‹ (mazaǧǧāh), wie ein Ohrring gearbeitet, und sie zeichnen sich durch eine äußerste Delikatesse des Ornaments im Vergleich zu all dem aus, was die Kunst der Byzantiner und Muslime in diesem Genre an Erlesenem hervorgebracht haben. Über ihnen befinden sich zwei in Schmuckleisten gefaßte Inschriften, die in Goldmosaik auf azurblauen Grund gesetzt wurden.

Selbst die Wandfläche des Miḥrāb ist mit Ornamenten und vielartigen Malereien überzogen. An den Seiten befinden sich vier Säulen, von denen zwei grün und zwei wolkenfarben und von unschätzbarem Wert sind. Das Innere des Miḥrāb ist ein Marmorgefäß aus einem einzigen Block geschnitten, skulptiert und in ein wundervolles goldenes, azurblaues und andersfarbiges Ornat gekleidet. Der vordere Teil ist mit einer Balustrade aus mit kostbaren Farben versehenem Holz umgürtet.

Rechts vom Miḥrāb steht die Kanzel, die unvergleichlich auf der Welt ist. Sie ist aus Ebenholz, Buchsbaum und Dufthölzern gearbeitet. Die Annalen der Umajjadenkalifen berichten, daß man sieben Jahre gebraucht hat, um das Schnitzwerk und die Bemalung der Holzteile fertigzustellen. Auf der linken Seite hat man eine Art Sakristei errichtet, in der notwendige Geräte, Gold- und Silberschalen und Kandelaber für die Beleuchtung der 27. Nacht des Monats Ramadhān aufbewahrt werden.

In dieser Schatzkammer sieht man einen Koran, bei dem zwei Männer Mühe haben, ihn zu tragen, so schwer ist er. Er enthält vier Seiten jenes Korans, den 'Uthmān ibn al-'Affān (möge Allāh ihm gnädig sein!) mit eigener Hand geschrieben hat. Man bemerkt Blut auf ihnen.«[111]

Wieder ist es die wägende Nüchternheit, und – wäre nicht der Zauber, der von dem Bauwerk auf den schätzenden Verstand des Beschreibenden überstrahlt – diese gelöste Ruhe des kundigen Historiographen, dessen wissenschaftlicher Ernst offenbar nicht zuläßt, daß man hinter aller rationalen Distanz doch die erregte, den feinsten Nuancen architektonisch-dekorativer Versponnenheit folgende emotionale Nähe spürt, die ihn dann doch hier und da zu verzückten Epitheta zwingt.

Doch die authentische Beschreibung verlangt nach der eingehenden ästhetisch-ideellen Vertiefung, in der sich unmittelbar Vorstellungskraft, Eingebung und Vernunft im inneren Logos von Baugestalt und Bild zusammenfinden, wenn das weiche, goldene Licht, das durch den dem Miḥrāb vorgelagerten, über die Flachdecke hinaufgeführten Kuppelring gedämpft und doch reich einfällt, den Raum erfüllt.

Augenblicklich empfindet man das ganz nah geschaute Faktum jener Sure (24, 35/36) nach, die das sakrale Geheimnis des Miḥrāb schlechthin ausdrückt, hier und anderswo, und das dann nichts mehr von der Willkür einer oft genannten Ähnlichkeit beinhaltet, die der Vergleich immer neu bemüht hat: der Vergleich mit dem Wölbchor, dem Altarraum der christlichen Kirchen, Basiliken und Kathedralen.

Es ist die Lichtsure, die als ästhetischer, historischer und theologischer Tragegrund der architektonischen Konzeption des Miḥrāb, zumal in seiner unter al-Ḥakam II. (961) in Córdoba entwickelten und nie mehr übertroffenen Gestalt, die Seele erfüllt, wenn man sie hier, in ihr ureigenstes architektonisches Sinnbild verfugt, wahrnimmt.

Und so bestimmte der Kalif seinen Kammerherrn Ǧa'far aṣ-Ṣaqlabī dazu, den Gebetsraum, der zu klein geworden war, zu erweitern. »Gemeinsam mit den Šaikhs und den Architekten, die er befragt hatte, ließ al-Ḥakam die Kibla zurückversetzen und gewann dadurch freien Raum – fadhā – nach Süden zu, zwischen der Moschee und der Straße, die am Guadalquivir entlangführt. Auf diese Weise wurden die neunzehn Schiffe um 95 Ellen (47,50 m) verlängert. Die überdachte Passage des Emirs 'Abd Allāh wurde damit notwendigerweise beseitigt, und er ließ einen neuen Miḥrāb bauen.

Eine sonderbare Diskussion erhob sich hinsichtlich der Anlage dieser Gebetsnische zwischen den Architekten und den Astronomen. Diese vertraten die Ansicht, man müsse, um die Richtung nach Mekka anzudeuten, sie nach Osten richten. Jene wollten die Hinweisung nach Süden (eigentlich Südwesten), wie sie alle zuerst in Spanien errichteten Moscheen besaßen, beibehalten, was den Vorteil habe, dem allgemeinen Verlauf der bestehenden Schiffe des Gebäudes zu folgen.

Ein frommer Rechtsgelehrter machte der Debatte ein Ende, indem er sich der Meinung der Architekten anschloß, aus Gründen, die ausschließlich ästhetischer Natur waren. Er sagte nämlich dem Emir, daß man sich überall, um das Gebet zu sprechen, nach Süden neige, und daß aus diesem Grunde die ehrwürdigen Nachfolger der Gefährten des Propheten die Oratorien der Moscheen, die sie in Spanien erbauten, nach Süden gelegt hätten. Dieses Argument überzeugte den Kalifen; die Furcht vor gefährlichen Neuerungen verhinderte, den Miḥrāb der Moschee aus ihrem axialen Verlauf zu entfernen.[112]

So befindet sich der Miḥrāb zwar nicht mehr in der Zentralachse, die von der Puerta del Perdón über die Puerta de las Palmas bei der neunschiffigen Anlage 'Abd ar-Rahmāns I. angezeigt war, doch der prachtvolle, geschlossene Eindruck dieses wahren Wunders im Wunder blieb seither der eines Juwels, das die Mitte der Mitte der frommen Betrachtung und Ergebenheit ›beseligend‹ bestimmt, wie sie die Sure »Das Licht« nahelegt:

Gott ist das Licht,
das aus dem Himmel, von der Erde quillt.
Sein Licht ist einer Nische gleich,
die eine Lampe füllt.
In einem Glas steht sie,
das wie ein Stern erglüht,
funkelnd und rein.
Mit Öl brennt sie,
vom Weihebaum, dem Ölbaum ganz allein,
den weder Ost noch West bestimmt,
doch das allein in sich schon hell erglimmt,
ohne daß es die Flamme rührt. –
Licht über Licht.

Gott führt zu seinem Licht,
wen er zum Licht bestimmt.
Und Gleichnisse prägt er den Menschen ein.
Alles weiß Gott, und Gott ist er allein.
Dies Lampenlicht glüht in den Häusern reich,
die Gott, daß man sie baue, so bestimmt zugleich,
daß denn sein Name ihren Raum erfüllt.

Dieses Licht, es strömt gleichzeitig von überall her und bildet im Eingang eine Strahlengloriole, welche die im farbigen Grund wechselnden Bogenfelder wie blühend-abstrakte Keilrauten erfüllt. Es legt sich in das goldene und azurne Geflecht der Gabelblattranken und -bäumchen, die hier zum ersten Mal ihre ganze Aussagekraft als Arabeske entfalten.

Die erhöhten, in Stuckfiligran gefaßten Zierbänder führen in ein rechteckiges Feld mit sacht reliefiertem Spiralrankenwerk, das von Koranworten gekrönt und umfangen wird, die in Kufi gesetzt sind, der ›herben‹ Steilschrift. In ihr unterbrechen Alif (a) und Lām (l) fast chromatisch rhythmisierend im Linkslauf Mīm (m), Sīn (s) und Wāw (w, ū).

Kaum beachtet worden ist indessen eine Eigentümlichkeit, die nicht zufällig sein kann, nämlich, daß dieser Eingangsraum sich vertikal gesehen in sieben Abschnitte gliedert: die sieben planetaren Sphären, die sieben Himmel, von denen der Prophet so oft gesprochen hat. Von hier ausgehend wiederholt sich diese Struktur immer wieder in Portalfeldern, Wandverkleidungen und Minarfassaden.

Eins der vollendetsten Beispiele dafür, das die Große Moschee selbst liefert, ist die unter al-Ḥakam II. 960 geschaffene Tür an der Westfassade, bei der – was auch Titus Burckhardt übersah – die scheitelwärts sich erweiternde Bogenführung das gleiche Gesetz der Verschiedenheit der Kreismittelpunkte des inneren und äußeren Bogenrands aufweist wie der Eingang zum Miḥrāb.

Daß dies inzwischen zu einem genau beachteten Konstruktionsschema geworden war, dem eine außerordentliche und doch im Ergebnis einfache geometrische Überlegung zugrunde lag, zeigt auch die Tür in der großen, wiederhergestellten Empfangshalle des Palastes von Medinat az̤-Zahrā, jener kalifalen ›Stadt der Blume‹ zu Füßen des 'Arūs, die 'Abd ar-Raḥmān III. 936 auf drei Terrassenplateaus begonnen hatte. Auch hier war al-Ḥakam die Bauplanung überantwortet worden. Das gewaltige Werk selbst war erst bei seinem Tode vollendet.

Doch noch sind wir in der Großen, der Goldenen Moschee mit ihrer Bewunderung abnötigenden Architektur und ihren vielfältigen Dekors. Da schwingen sich die Vielpaßbogen im Miḥrāb-Raum empor, gewichtlos gemacht durch ihre wie geklöppelt erscheinenden Stuckmäntel; in der Schwebe gehalten werden sie von feinsten Säulchen über den ohnehin schon grazilen Säulen, deren Kapitelle kaum noch an ihre ursprüngliche Herkunft erinnern.

Die Kuppel darüber mündet – wie in der Capilla de Villaviciosa – in einer runden Muschel, die ihrerseits ein herrliches Rippengewölbe oktogonal umschließt. Hier und in den Kuppeln des Miḥrāb-Vorraums hat sich die Gestaltungskraft der arabischen Baumeister so weitreichend ausgedrückt, daß selbst die späteren Gotiker das Geheimnis ihrer – geistig so grundverschiedenen – Spitzbogengewölbe und der einfachen ›dekorativen‹ Spitzbogen aus den maurischen Diagonalzwickeln entlehnten.

Was sich dann von Chartres bis Köln in einem fast grenzenlosen Hinauf darstellte, das blieb in dem Kuppeloktogon des Vor-Miḥrāb mit seiner Mosaikmuschel und dem Stern in ihr, von dem keilartige Strahlen ausfächern und Gabelblattbäumchen in die Mitte hineinführen, innen gehalten, verinnerlicht. Die Strahlen werden von Rautenbändern begrenzt, die in arabesker Schrift wiederum Koranworte tragen. Und die Arabeske ist von ihrem Wesen her dazu prädestiniert, denn so wie etwa das »Licht über Licht«, dieses Licht, welches Erde und Dinge nicht zu fassen vermögen, und das somit eine gewisse Grenzenlosigkeit beinhaltet, – genauso ist auch die Arabeske eigentlich grenzenlos von allem Anfang her.

»Am stärksten ist sie denn auch im maurischen Bereich ausgeprägt; in Spanien sowohl wie in Nordafrika bestreitet sie neben dem rein geometrischen Band- und Flechtwerk nahezu allein das Feld, von ihrer ersten Blüte im Córdoba des zehnten Jahrhunderts bis zu ihrer üppigsten Entfaltung im vierzehnten Jahrhundert in der granadiner Alhambra, der sie ihre charakteristische dekorative Note gibt. Dort läßt sie neben sich andere vegetabile Bildungen in untergeordneter Funktion aufkommen.«[113]

Ob Ernst Kühnel, der diesen Satz schrieb, auch beobachtet hat, daß der arabeske Gedanke dem Duktus der arabischen Schrift folgt: von rechts nach links, von Osten nach Westen, zumal da, wo die Gabelblattranken über Tragebalken oder Bänderfelder wachsen? Dieser Sicht nicht zu folgen fällt nicht leicht; wenn man den ›Gedankenblick‹ gegen diesen Duktus, gegen die Sonnenrichtung wendet, meint man fast, gegen Wellen anzugehen. Ist hier ein weiteres ideologisch-ästhetisches Prinzip übersehen worden?

Gehen wir hinaus in die träumende Mittagsstille der Stadt, durch engwinklige Straßen und unter vereinzelten Torbogen hindurch, wie sie noch heute das Stadtbild von Fez bestimmen, vorbei an niedrigen, weißgetünchten, schlummernden Häusern, die hier und da den Blick in friedliche, bunte Patios freigeben.

Während vielleicht noch die Lichtsure die Gedanken mit den gesehenen sakralen Bildern und ornamentalen Klängen erfüllt, während einem vielleicht einfällt, daß von ʿAbd ar-Raḥmān I. bis zu dem Amiriden Muḥammad ibn Abi Amīr Mansūr, dem Usurpator-hadjīb, fast alle Emire und Kalifen die Große Moschee so gestaltet und erweitert haben, wie sie sich heute darstellt, sind plötzlich die Sinne auf das schlichte Leben in diesen Häuserzeilen gerichtet, die sich zur Zeit der arabischen Herren kaum anders zueinander neigten als heute.

In solcher Umgebung lebte einst der Dichter Abn Guzman, und der dichtende Prinz Abū ʿAbd al-Malik Marwān ibn ʿAbd ar-Raḥmān ibn Marwān ibn ʿAbd ar-Raḥmān an-Nasir, der Großenkel des dritten ʿAbd ar-Raḥmān verbrachte in einem Gefängnis dicht bei der Moschee siebzehn Jahre seines Lebens, weil er, wie sein Biograph al-Dabbi[114] berichtet hat, seinen Vater ermordete, der ihm seine Geliebte, eine Sklavin, geraubt hatte.

Wieder ist sie da, diese unwiderstehliche Einheit von Kunst, landschaftlichem Raum und Dichtung, und der ›amnestierte Prinz‹ – el Principe Amnistiado – trägt uns in sie hinein, wenn er »Verlassen in einem Garten« singt:

Ich schied von ihr, die ich so liebte,
als der Abend sank.
Gott weiß, daß ich den Tod wohl eher litt
als den Verlust.
Es scheint mir so, als klagte um die gleiche
Liebe selbst die Sonne laut,
als gurrten ihr die Tauben
traurig nach.
Weil meine Liebste schied, blaßt auch
das Abendrot,
als sagte es, es leide so wie ich.
Und das Geheimnis unsrer Heimlichkeit
erzählt beredt der plauderfrohe Wind.
Obgleich die Liebe schwand,
weilt ihre Anmut doch.
Das Morgenlicht, des Gartens Brunnen
schmücken sich
mit ihrem Namen stärker als mit Duft.
Die Blüte der Orange ist ihr heitrer Blick,
ihr warmer Atem der Zephir,
und ihre Wange ist die Rose
im Tauperlenschmuck.
Das ist's, warum die Gärten ich
so liebe stets.
Sie ziehen im Erinnern mich zu der zurück,
die ich so sehr geliebt.[115]

Begeben wir uns nun in das schon mehrfach erwähnte Medinat aẓ-Zahrā': etwa acht Kilometer westlich der Stadt schmiegt es sich parallel an den hinter ihm liegenden Bergrücken. Selbst die seitlichen Abkantungen des Dachgeschosses des wiederhergestellten Königssaals folgen diesem Verlauf. Die Gebäude erscheinen so wie die Fortsetzung eines urschöpferischen landschaftlichen Gedankens. Sie wollen sich, trotz all ihrer gesammelten, leichten Schönheit, die doch nichts Träges kennt, nicht über die Berge erheben. Im Gegenteil: sie wollen sich ihrem Schutz vertrauend anheimgeben.

Die architektonische Verwirklichung eines solchen Raumgefühls ist selten genug und muß daher überraschen, vor allem auch deshalb, weil der hier entwickelte Baustil in nichts mit der Kunst der Abbasiden in Bagdad übereinstimmt, sondern zu einer selbständigen Größe gefunden hat, die alles – die Gärten im unteren Teil, die eigentliche Stadt auf dem mittleren Plateau und den herrscherlichen Palast auf der oberen Terrassenfläche – gleichermaßen und unter einheitlichen Gesichtspunkten, in denen das Gebirge, die Gärten, die Gebäude in eins fanden, zu einem nie wiederholten, tektonisch-geographischen und geistig-kulturellen Dreiklang verdichtet hat.

Selbst die Bruchstücke, die mit liebevoller Mühe seit 1910 wieder zu einer Teilwiederherstellung verwendet wurden, geben darüber Auskunft. Das Ganze jedoch läßt sich nicht wiedergewinnen, denn zu groß war die Zerstörung, zu unermeßlich der Schaden, der durch das Unterbringen vieler Reste in Museen entstanden ist.

Doch der Königspalast, die Empfangshalle, der Salon 'Abd ar-Raḥmāns III., die in ihnen geborgenen Paneele, Pilaster, Kapitelle, Basen und Säulenreste, die Kannen und Teller, der Bronzehirsch im Museo Provicial de las Bellas Artes und die Reste von Bogenornamenten und Bogenreliefs lassen langsam, ganz langsam wieder ein Bild des Glanzes wach werden, der hier geherrscht hat, bis in den Bürgerkriegswirren nach dem Tod von Almanzor die romanisch-berberische Plebs, die wahrscheinlich ein Sproß aus dem Hause der Umajjaden anführte, alles verwüstete. So war die alte Ruinenstadt schon im späteren elften und zwölften Jahrhundert ein beliebter Ausflugsort für die ›goldene Jugend‹ der Stadt, die hierher kam, um zu feiern, zu lieben.

An den Fundstücken, die die Archäologen bergen konnten, zeigt sich, wie sehr unter dem Einfluß von al-Hakam II., der nebenbei eine geradezu universale Bibliothek wertvollster Handschriften zusammentrug, der Wissenschaftler von überall her nach Córdoba kommen ließ und durch den die Große Moschee wahrscheinlich auch eine der ersten Medresen, eine ›offene‹ Universität erhielt – wie also unter dem Einfluß dieses umfassend gelehrten Bauherrn die Arabeske begann, alle, auch die schweren, tragenden Bauelemente zu umkleiden.

Sie umwob sie gleichsam, schlang sich über quadratische und Rundbasen, wechselte in Zierbändern, vernetzte sich auf Paneelen, verlaubte, gabelte, spreizte sich, wand und verflocht sich spiralisch um- und zueinander und fügte sich, linksläufig beginnend, zu abstrakten Kelchen – weder Auge noch Gedanke vermögen einen Anfang oder ein Ende zu nennen.

Und man findet das überall: in den Bogenfeldern, den Sockeln und den Kapitellen, die derart von feinstem Filigran, von Spitzengewebe durchbrochen erscheinen, daß man ihre Tragefunktion gar nicht mehr wahrnimmt. Das Gabelblatt fingert und fiedert aus, es kriecht, wächst empor, rollt sich ein oder streckt sich zum Licht. Rautenmuster, Mäanderornamente, Sternenbänder oder -medaillons unterbrechen oder begrenzen diese vielfältige Flora, die jedoch nie eine bestimmbare Pflanze erkennen läßt. Die Phantasie der bescheiden namenlos gebliebenen Künstler scheint unbegrenzt gewesen zu sein, aber dennoch vollzieht sich all das gesetzmäßig und folgt einer imaginären Spur.

Bereits 1008 ist die Pracht aẓ-Zahrās von den Scharen des Muḥammad al-Mühdi zerstört worden. Unter den jungen Leuten, die von den Ruinen angezogen wurden, war auch der dichtende Vagant Ibn Quzman oder Aben Guzmán, der einst den Titel ›wazīr‹ (Wesir) geführt hatte, was dem ›Geheimen‹ oder

›Hofrat‹ entsprach. Wir wissen wenig von ihm: Geboren wurde er zwischen 1078 und 1080, gestorben ist er am 30. Dezember 1160.

Al-Maqqarī berichtet, daß er oft in Sevilla und mehrmals in Granada, Almería, Jaén und wahrscheinlich auch in Fez gewesen ist, jedoch immer wieder in sein geliebtes Córdoba zurückkehrte[116]. Hier durchzechte und durchliebte er die hellen Mondnächte, und wenn wir seine Poesie biographisch verstehen dürfen, dann hatten nahezu alle seine Abenteuer einen amourösen Hintergrund.

Eins seiner schönsten Gedichte, eine formal unglaublich anmutige Zağal, ein strophisches Gedicht, das ›die Sprache des Volkes‹ zur Kunst erhebt und bei dem weniger die metrische Quantität als der musikalische Akzent den Puls bestimmt, ist »Jetzt lieb' ich, Sternchen dich, o Lalīmah«:

Der, der dich liebt, der um dich stirbt, bin ich.
Wenn sie mich töten, ich liebt' immer dich.
Laß ich dich je, die Liebe aus mir flieht;
ich könnte niemals singen dieses Lied.

O zarte Šilbote! Was läßt dich traurig sein;
soll denn verblassen dieser Stunden Schein?
Willst du so dürftig feiern diesen Tag;
von ihm nichts fordern als ein Häppchen, sag?

Ich sage ihnen »Gott ist groß!«; mehr sprech ich nicht.
Das zu ertragen ohne dich, allein!
Geh ich in die Moschee beim frühen Licht,
wirst du beim Perfumillo-Brunnen sein.

O Schmuck der kecken Frauenplauderei'n,
schlagfertig, ja von feinem Geist entfacht.
Was würd'st du für ein bitt'rer Reizker sein,
hätt' Gott dich zum Verschwenden nicht gemacht?

Deine Geliebten, sie erglühn verstört.
Der Zauber Babylons, er ruht in dir.
Alles ist kostbar, was man von dir hört;
ein jedes deiner Worte klingt in mir.

Und deine Brüstchen, Äpfel sanft und fest.
Wie weißes Mehl ist deiner Wangen Zier.
Wie Perlen locken deine Zähnchen mir;
wie Zucker winkt dein Mund zum Liebesnest.

Verschmähtest du der Männer Lust und Flehn
und sagst: »Ungläubig seid ihr und nicht treu!«
Es bliebe die Moschee gewiß nicht stehn,
es sei, man hielte sie an Tauen neu.

Süßer bist du als Mandelölgebäck.
Ich bin dein Sklave und du bist mein Herr,
mein König, ja, und schicktest du mich weg:
ein Dolch, und nichts, was von mir übrig wär.

Wie lange kehrst du dich noch von mir fort,
wie lange lähmt der Argwohn noch dein Wort?
Daß Gott barmherzig doch aus dir und mir
ein Blumensträußchen bände jetzt und hier.[117]

In den Tagen des Aben Guzmán blühte in Córdoba noch das Leben. Das Kunsthandwerk stand in höchster Blüte und verbreitete seinen Ruf als Mittelpunkt der andalusischen Kultur in alle Welt: nach Westen in den Herrschaftsbereich der Umajjaden-Nachfolger, der Abbasiden (750–1258) und im Osten nach Kastilien, Navarra, León, Asturien, Sizilien (das von 827 bis 1061 selbst unter arabischer Herrschaft stand), nach Frankreich, Deutschland, ja selbst nach Britannien.

Der Córdobaner 'Abbas ibn Firnās entdeckte in der zweiten Hälfte des elften Jahrhunderts das Geheimnis der Kristallherstellung; die Elfenbeinschnitzerei und die Juwelierkunst standen auf einer nie wieder erreichten Höhe, doch weitreichendere Wirkung als sie hatte die Dichtung Aben Guzmáns. Seine oft arabesk weitläufigen, immer aber klaren und formreinen Zağalen wirkten hinein in die gesamte Troubadourlyrik des christlichen Mittelalters und – ohne daß man sich dessen je ganz bewußt geworden ist – über Klassik, Romantik und Symbolismus bis in unsere Tage. Goethes »Westöstlicher Diwan«, der stilgeschichtlich nur wenig mit der persischen Dichtung des Hafis zu tun hat, ist kein geringes Beispiel für diesen langlebigen Einfluß.

Doch das alte kalifale Córdoba lebte auch in der Zeit, als Guzmán sang, nur noch in der Erinnerung. In der »Klage über Córdoba«, die Abū Amir ibn Suhaid im elften Jahrhundert anstimmte, werden noch einmal all ihre vergangene Pracht, ihr Glück, ihre Menschen, ihre Paläste, ihre Freuden und Leiden eindringlich und wehmutsvoll beschworen:

In dieser toten Trümmerstätte haust kein Freund,
daß ich, so wie ich's tat, ihn könnte fragen,
was ich zu wissen wünscht'; was Córdoba geschah;
nein, keiner will und keiner kann mir's sagen.

Frag nur die Trennung; sie alleine wird,
wo jetzt die Freunde sind, dir traurig künden;
ob in die Berge sie geflohn, ob noch vielleicht
in einem fernen Tal sich einer mag befinden.

Tyrannisch zeigte ihnen sich die Zeit;
in alle Richtungen sind sie verstreut, verdorben;
die meisten aber suchst vergebens du,
die meisten, höre es, sie sind gestorben.

Und schrecklich war's, was sie erfuhren hier;
sie selbst und ihre Häuser sind verschwunden,
und wer noch blieb, ihn hat man später dann
an Herz und Geist verändert vorgefunden.

Laß, Schicksal, in den Höfen ihrer Häuser doch
ein Licht aufstrahlen, das die Nacht beendet,
so daß vielleicht in ihren Herzen doch
die Hoffnung alle Trauernöte wendet.

Für Córdoba, für diese edle Stadt,
ist jede Träne ganz umsonst vergossen,
die aus des Herzens voller Fülle nicht,
die aus den Augen nur dahingeflossen.

Heimstatt! Gott mag die Sünden von all denen,
die hier gewohnet einst, huldvoll vergeben;
die in der Berberei, Marokko und Ägypten jetzt
ein wenig frommes neues Leben leben.

Woher der Wind auch weht; in Scharen trifft
man allerarts nach überall Verstreute.
Verstöret ganz und gar an Geist und Sinn
sind diese armen, einst so reichen Leute.

Einst waren sie, die ich gekannt, versöhnt.
Die Bürger einte friedlich dieses Leben,
das schön dahinfloß an dem großen Fluß;
so glücklich waren sie, zufrieden eben.

Die Blumen Córdobas, sie blühten reich;
es war der Raum erfüllt von ihren Düften,
so daß der Amber selbst, sonst süß und schwer,
sich wirkungslos verlor in hellen Lüften.

In diesen Häusern herrschte edles Maß;
Vollkommenheit ließ dort sich endlos nieder;
das Maß des Mangelhaften, jede Dürftigkeit,
kam hier zu kurz, fand ausgesperrt sich wieder.

. . .

Das Umajjadenschloß, es stand in seiner Pracht,
nichts gab's, was fehlte oder fehlen konnte.
Das herrlichste, es war das Kalifat,
das sich in reiner Herrscherschönheit sonnte.

In Schlössern und in Kemenaten wohl,
wie gut und heiter war das liebe Leben,
dem sich Córdobas 'Monde', ihre Zier,
tagein, tagaus so liebend hingegeben.

Die Zāhiriyya strahlte festlich auf;
manch Prachtgeleit durchzog die weiten Hallen.
Die 'amiriyya, oh, wie oft sah sie
des Thrones Sterne hell zusammenstrahlen.

Al-ǧāmi' al a'lā erfüllten Menschen stets,
die den Koran vielstimmig psalmodierten,
die Lesungen erfuhren demutsvoll
und deren Augen sich im Raum verirrten.

...

O Paradies! Der Wind hat über dir
sich wild zu einem bösen Sturm verdichtet;
um alles zu zerstören hat er aufbegehrt
und rauschte fort, nachdem er dich vernichtet.

...

Die Trauer, die ich fühle, sie wächst fort,
daß ich die großen Männer immerzu beweine:
die Dichter, Weisen, alle Protektoren,
die ausgelöscht, und ich steh hier alleine ...[118]

Nachdem es 1236 eine kurze Zeit so schien, als könne Muḥammad ibn Jūsuf al-Mutawakkil ibn Hūd, der Abkömmling alter arabischer Könige, noch einmal eine Einigung des muslimischen Spanien herbeiführen – er regierte abwechselnd in Granada und Sevilla – fiel im gleichen Jahr Córdoba, und Ferdinand konnte als Sieger in die alte Kalifenstadt einziehen.

Muḥammad ibn Alhamar, der in Jaén und Granada residierte, sollte als Vasall des kastilischen Königs noch einmal den Samen für eine späte, aber die wohl reichste und wunderlichste Blüte der maurischen Kultur in Iberien legen.

In Granada begann er 1248 mit dem Bau der ›roten‹ Festung, der königlichen Alhambra, in der sich in edelster Weise und in erhabenster Entfaltung das vollendete, was in der Goldenen Moschee, der Medinat aẓ-Zahrā', in den Palästen az-Zahīra, ar-Ruṣāfa und dem Alcázar von Córdoba angelegt worden war und seinen ersten Höhepunkt gefunden hatte. War Córdoba Haupt und Rumpf des arabo-andalusischen Reichs – sein Herz, seine Seele wurde und blieb Granada ... bis heute!

Granada
Der sprechende Stein und die singenden Gärten

Am 13. Juni 1941 hielt Georges Marçais vor der ›Gesellschaft der Islamkundler Nordafrikas‹ in Algier einen Vortrag, der sich ausschließlich mit den Gärten des Islam befaßte. Darin traf er eine Feststellung, die eindringlich-einfühlsam den Dingen, die der menschliche Geist hervorbringt, auf den nur aus der Intuition heraus bewußt zu machenden Grund geht.

Er sagte nämlich, daß, wenn der Garten die Individuen kennzeichne, die ihn geschaffen hätten, das ebenso auf alle Menschen zutreffe, die zur gleichen Zeit das gleiche Land getragen habe, auf dessen Boden er angelegt worden sei. Der Garten reflektiere so die kulturell-politischen Tendenzen eines Staates oder die von der Zeit bestimmten Strömungen einer Gesellschaft.

»Ich glaube«, so sagte er, »daß man sich nur mit Mühe eine Vorstellung von der monarchischen Konzeption Ludwig XIV. und seinem Sinn für Größe machen kann, wenn man nicht (zuvor) den Park von Versailles gesehen hat und wenn man sich nicht – gedanklich – die Welt des Hofes in dem Bereich zu eigen macht, der für ihn geschaffen ist, sowie die beeindruckte Menge um den Großen König, die die Terrassen, die weiten Treppenaufgänge, die ausgedehnten, beschnittenen Baumalleen und die in Marmor gefaßten Rosenrabatten bevölkert.

Und ohne Versailles zu verlassen, glaube ich auch, daß man sich schwerlich die Beliebtheit von Jean-Jacques Rousseau und die guten Absichten der Pariser Gesellschaft des 18. Jahrhunderts im Hinblick auf die schlichte Einfachheit des Landlebens vorstellen kann, wenn man nicht das Dörfchen Petit Trianon besucht hat.«[119]

Im Gegensatz zum Haus, das der Mensch seinen materiellen Bedürfnissen anpaßt, drücke der Garten das Ideal aus, das dieser Mensch in sich trage. Und so sei denn auch der Garten, den der Muslim in sich trage, ein ganz wunderbarer, voller Nostalgie, mit ganzem Herzen wünschens- und erstrebenswert.

Dort finde man Beete, überschäumend von Blumen, Blüten und fruchtbaren Bäumen, die ihre Kronen bis zur Sonne streckten, und die, wolle man es, ihre Zweige herabneigten, damit man sie besser erreiche, um dem, der es wünsche, Datteln, Bananen und Granatäpfel überreich zu schenken.

Die Luft sei köstlich temperiert. Bäche plätscherten zwischen dem endlosen Grün. Ihr kristallklares Wasser habe einen Geschmack von Milch und Wein. Schwere Teppiche und grüne Brokatkissen bedeckten den Rasen oder erhöhte Ruhebetten von der Art von Diwanen, auf denen man sich bequem aufstützen könne, bereit, die Gäste dieses glücklichsten Aufenthaltes willkommen zu heißen.

Schöne junge Leute hielten die Becher und Goldpokale bereit, in denen sie einen erlesenen Trank reichten, von dem man in Muße und ohne, daß einen Sorgen drückten, genießen könne.

In Pavillons einer luftleichten Architektur sei man von Jungfrauen mit großen dunklen Augen und samtener weißer Haut umgeben, die nur darauf warteten, auf einen einladenden Wink willig zu gehorchen . . .

»Hat das muslimische Spanien«, so fragt Marçais, »diese Art Parkgärten – hā'ir – gekannt? Wir zweifeln nicht daran, obgleich wir nicht sofort ebensolche charakteristischen Beispiele wie die Tunesiens oder Marokkos anführen könnten. Dennoch wissen wir, daß die Umajjadenkalifen und ihre hohen Würdenträger nahe bei Córdoba ihre munya, ihren Sommersitz hatten, der sich inmitten von Gärten, von Wasserläufen und Freivolieren mit kostbaren, seltenen Vögeln befand.

Wir wissen, daß ein Teil der berühmten Residenz von Medinat aẓ-Zahrā'... mit Gärten bedeckt war. Nach dem Untergang des Kalifats blieb dieses Versailles der Umajjaden, in dem das Hofleben erloschen war, ein Ausflugsziel für die Bürger der Stadt.

Das Spanien dieser Epoche, der Zeit der mulūk at-tawā'īf, manifestierte daneben eine allgemeine Vorliebe für Gärten und Blumen... Es gibt in den kleinen beschreibenden Gedichten der andalusischen Dichter klassische Erinnerungen...

Wir sehen Bäume, die der Wind wie Tänzerinnen in ihrem grünen Gewand bewegt oder deren leuchtende Kronen das Bild junger Mädchen hervorrufen, die Küsse tauschen; die Noria, die weint und deren Ächzen der Stille der Nacht einen gar leidenschaftlichen Akzent verleiht; die Séguia, die die Klinge eines polierten Schwertes zu sein scheint, in die der Wind Bandgravuren ziseliert, und schließlich den ganz einsamen Garten, den der Regen in seinen Perlenmantel hüllt.«[120]

Und dann stellt Marçais fest, daß die granadinischen Könige dieses Gartenideal verwirklicht hätten: nicht einmal, sondern immer neu, in immer reicheren Varianten, von immer wärmerem Sentiment zur geheimen Idylle geführt.

Dort hätten die Sultane Beni' l'-Ahmar das Schöne mit dem Großen zu einer Einheit verschmolzen. So besitze der berühmte Löwenhof der Alhambra eine Breite von sechzehn und eine Länge von dreißig Metern und erweitere sich in einen Saal hinein, doch seien seine Maßverhältnisse so harmonisch, sein Dekor von einer solch zauberhaften Grazie, daß man sich unversehens hineinversetzt fühle in den heimlichen Bereich eines Lebens voller gelassenem Adel und kostbarster Poesie.

»Nun, der Löwenhof war auf diese Weise nur einer der Gärten..., von denen einer auch heute noch so beschaffen ist, wie er es zur Zeit der Nasriden gewesen sein muß: der Generalife – ǧenān al-Arif –, der auf einer Höhe, der Alhambra zugeneigt, seine pradiesische Pracht und Sinnenhaftigkeit in aller Reinheit, Schönheit und Größe – ist doch dieser Dreiklang das schlüsselhafte Geheimnis dieser Gartenbauphilosophie! – entfaltet.

Dorthin zog sich, als die Pest in der Stadt wütete, Jūsuf ibn Alhamar mit den Seinen und seinem Hofstaat zurück, ganz wie die jungen florentinischen Herren, von denen uns Boccaccio erzählt, die sich auch in einen himmlischen Garten zurückzogen, um der gleichen Seuche zu entfliehen.«[121]

Marçais beruft sich auch auf Théophile Gautier (1811–1872), der 1843 in seinem kundigen Spanienbuch »Tras los Montes« (Jenseits der Berge) festgestellt hatte: »Der wahrhaftige Charme des Generalife sind seine Gärten, seine Wasser. Ein Kanal, marmorverkleidet, bedeckt die ganze Länge der Einfriedung und ergießt seine reichen, raschen Fluten unter einer Flucht von Laubbergen... Die Perspektive beschließt ein Laubenportikus aus Springbrunnen und Marmorsäulen.«

Merkwürdig und doch nicht überraschend, wie hier der Innenhof – wast addār –, der verschwiegen schöne Innenhof, der doch Teil eines *architektonischen* Plans ist, zum Mittelpunkt, zum Herzraum aller gartenbaulichen Vorstellungen geworden ist. Mehr noch, die Architektur wird, noch einmal sei es betont, zu einer gärtnerischen Idee, die, inmitten eines Landschaftsganzen in immer neuen Bildern ausgefaltet erscheint und im Kleinen zur bildnerischen Größe erhoben ist.

Dieser Gesichtspunkt allein ist es denn auch, der dazu veranlaßt hat zu sagen, daß aufgrund einer einzigartigen Konzeption, »der granadinische Garten es nicht zuläßt, daß man ihn als architektonische Ergänzung betrachtet, weil sich in seiner Anlage und Beschaffenheit, eine unauflösbare Einheit bildend, Architektur, Vegetation und Landschaftsraum begründen, und zwar derart, daß seine Umgebung die Achse des Lebens im Haus bildet, die bis in seine letzten Winkel vordringt und ihren Einfluß geltend macht. Wenn das Haus über einen engen Raum verfügt, erschließt sich alles vom Patio her; wenn seine Ausdehnung etwas weiter ist, gesellen sich die Winter- und Sommerbereiche, ihrer Lage entsprechend hinzu, und schließlich, in allseitiger Folgerichtigkeit, weitet sich alles in einen ornamentalen Garten mit einem unabhängigen Zugang.«[122]

Diese Gesetzmäßigkeit leitet sich aus einer architektonischen Gesamtästhetik her, wobei jeder einzelne Bestandteil dieses sich ausweitenden Raums wieder auf dessen Mitte, auf seine Intimität zurückweist: Jeder Winkel, jede Rabatte oder Baumgruppe, jedes Ensemble aus Bogen, gewachsenen Pergolen, Springbrunnen, Bassins, jede Terrasse und jedes Bodenmosaik, jeder Kleinhain oder Mirador ist gewissermaßen Bestandteil einer gärtnerischen Kalligraphie. Ihre Grundlage hat keine Verbindung zu abendländischen Entsprechungen aus Mittelalter oder Renaissance, sie findet sich einzig im Koran, etwa in der Lichtsure, der Sure von der ›Sippe Imrans‹, der vom ›Donner‹ oder der von ›Al-Hiğr‹.

Dadurch, daß dieser beseelte, persönliche Garten in den größeren Garten der Landschaft hineingepflanzt ist, vermag man hier gleichzeitig ›draußen‹ und ›bei sich selbst‹ zu sein. Und so treffen sich wiederum Gartenanlage und Stadtarchitektur, denn auch die Stadt ist ja der Landschaft eingefügt, wie wir es bereits bei Córdoba und aẓ-Zahrā' gesehen haben.

So auch Granada: Wenn man vom Albaicín, dem alten maurischen Viertel, auf die gegenüberliegende, ›Afrika zugekehrte‹ Höhe hinüberschaut, wird das erneut deutlich. Die Gebäude sind den zwei ›Etagen‹ des Bergvorlands und des weißhäuptigen Gebirgssattels der Sierra Nevada zugeordnet, ihre eigene Größe geht in der wuchtigen Grandiosität auf, die die Landschaft dem Menschen und seinen Werken entgegenstellt – gleichsam ohne die Möglichkeit eines optischen oder schöpferischen Überstiegs.

Denn dem islamisch-arabischen Menschen ist die Überhebung fremd; Gottesschöpfung bindet Menschenschöpfung in sich ein, und die Zeit empfindet der Muslim als den direkten Widerspruch zur Dauer, die sich jenseits der Schwelle, vor der der Mensch eine Weile verharrt, in die Ewigkeit weitet.

Landschaft, Garten und menschliche Wohnstätte verschmelzen so zu einer großen Harmonie, und dieser wohl hervorragendste Wesenszug der arabo-andalusischen Kunst wird am Beispiel der ›Roten Burg‹ – al-Qal' a al-hamrā –, *der* Alhambra besonders deutlich, für uns heute noch genauso wie für die Romantiker des 19. Jahrhunderts, etwa Washington Irving (1783–1859)[123], Théophile Gautier und andere.

Wohl jeder Betrachter, der von der alten Festung aus das breit hingelagerte Oval von Alhambra und Generalife unter dem blauen Himmel mit seinen

Wolkenspindeln erblickt, wird diesen Harmonie-Dreiklang empfinden. In manchen Gebäudegruppen wird er baulich regelrecht transparent gemacht durch die Türbogen und Säuleninterieurs, die den Blick vom Patio in einen Gartenabschnitt führen und ihn schließlich weiterlenken zur fernen Grenze der grün-bunt blühenden, von vielen Wasseradern, Brunnen, Bassins und Bachstürzen bewässerten Jardinerie.

Dieser Eindruck der ›Durchsichtigkeit‹ täuscht allerdings insoweit, als sich manche Räume – die Frauengemächer, die Turmrefugien und auch einige der Salons – quasi verborgen halten. Sie bewahren sich ihre verinnerlichende Intimität durch eine vom architektonischen Grundschema abweichende Verwinkelung und das in der islamischen Kunst herrschende Prinzip der Verteilung.

Der Blick in und über solche Gebäudekomplexe gerät so unversehens zu einer wirklichen ›Ein‹-Sicht: die kaleidoskophaften, geometrischen Einzelheiten des optisch wahrgenommenen Bildes schließen sich zu der Idee zusammen, die der Urgedanke des Muslimischen ist. Genau so ist die Bemerkung von Leopoldo Torres Balbás, der in den frühen vierziger Jahren als Restaurator unter anderem auch die Erhaltung und Gestaltung des gärtnerischen Schmucks der Alhambra zu seiner Aufgabe gemacht hatte, zu verstehen, daß nämlich die Macht der Tradition in dem Sinn bei den Muslimen beträchtlich sei, als sich ihre Kunst wesentlich langsamer entwickle als in der christlichen Gesellschaft.

»Sie empfinden keine Ermüdung der Form, noch die Unruhe zur Erneuerung, die die Veränderung bewirkt, so ganz unversehens, wie sie die okzidentale Kunst zeigt. Dir Formen wandeln sich (unerhört) langsam, ohne Eile in der Weile. Die Tugend der Originalität, wenn sie sie denn hat, ist der islamischen Dichtung wie der Kunst unbekannt, deren Wandel häufig miteinander übereinstimmen.

Mit vollkommener Exaktheit kann man auf die architektonisch-plastischen Künste das anwenden, was García Gómez über die erstere gesagt hat: Während die abendländische Literatur mit zeitlicher Regelmäßigkeit heftige ästhetische Erdbeben erschüttern, die ihre Physiognomie vollständig verändern, erfährt die arabische Dichtung seit dem Islam vergleichsweise leichte seismographische Anstöße, leichte geistige Verschiebungen, die nicht dazu führen, die unverletzbare technische Grundlage aufzuheben. Die Kunst der Kleinkönige, die almoravidische, almohadische oder nasridische Kunst sind nichts weiter als willkürliche Klassifikationen.«[124]

So ist es in der Tat! Denn wenn auch seit al-Hakams Miḥrāb-Raumgestaltung und dem Aufgeben der ursprünglichen Akanthus-Kapitelle, die schon in den jüngeren Erweiterungen der Großen Moschee in Córdoba in klarer Abstrahierung eine formale Vereinfachung erhielten, die abendländischer Bauvernunft widerspricht, so werden sie in Granada geradezu ›durchklöppelt‹. Sie werden tektonisch ihrer reinen Tragefunktion ornamental entkleidet.

Dieser Prozeß war alles andere als ein Infragestellen der eigenen architektonischen Voraussetzungen. Er macht im Gegenteil deutlich, daß in ihm die koranisch-literarische Tradition gegen Ende der maurischen Kunst zur höchsten Blüte geführt worden ist. In ihm hat sich das arabesk-gärtnerische Formgefühl der Bauabsicht – diese lenkend – integriert.

Mediävalistische oder gar gotische Anklänge, wie sie Prieto-Moreno zu erkennen glaubt, werden dadurch unwahrscheinlich, da hier lediglich eine

Baugeistigkeit, die aus der frühen Sakral- und Profankunst in die Gotik fand, sich auf sich selbst zurückgedacht hat. Nirgendwo nimmt man Spuren eines Eklektizismus wahr.

Den Besucher, der durch den schattigen Hain und dann durch die Puerta de Justicia in den weiten Palastbereich der Alhambra eintritt, mögen als erstes die abwehrenden, zinnengekrönten Türme gefangen nehmen. Vielleicht empfindet er vor ihnen das, was Angel Ganivet, der granadinische Dichter, als er – im Rahmen seiner Vision »Die Ruinen von Granada« – die Verse »Die Türme der Alhambra« schrieb, empfunden hat:[125]

Wie schlafet ihr so reglos still,
ihr Türme der Alhambra!
Im Tod schlaft träumend ihr,
dem Tod, der noch so fern.
Es sinkt die Sonne; eure Mauern jetzt
färbt sie mit goldner Tinte ein.
Es sinkt der Mond, der zärtlich euch
mit seinem weißen Silberlichte küßt.
Ihr aber schlafet stets;
der Tod, er ist so fern.
Mit ihrer sternbestickten Tunika
bedeckt die wolkenlose Nacht euch sanft,
die dunkelschwere Nacht, sie birgt
euch unter ihrem schwarzen Flügelarm.
Ihr aber schlafet stets;
der Tod, er ist so fern.
Tau emailliert mit reinem Perlenglanz
die Krone eurer Zinnen oft,
und grausam peitschet dann der Regen lang
der Mauern stumme Wehr.
Ihr aber schlafet stets;
der Tod, er ist so fern.
Verliebt umarmet euch so manches Mal
der frühe Wind der gelben Dämmerung.
Der Sturm heult wütend auf,
vor euren alten Toren schreit er laut.
Ihr aber schlafet stets;
der Tod, er ist so fern.
Der Traum von vielen aberhundert Jahren
glitt über eure Mauern schon dahin;
dringt er einst in die Grundgemäuer ein,
dann naht sich auch der ganz gewisse Tod.
Wer außer euch träumt so viel hundert Jahre
und stürzt aus diesem weiten Traum
dann in des Nichts tieflange Schattennacht.

Ja, wenn dieser Traum, aus Jahrhunderten genährt, einmal die erhaltene Pracht und Tiefe der architektonisch konkreten Wirklichkeit überwaltet, die Wirklichkeit nur noch im Traum an das Gewesene von sich aussagt, ist das atmende

Leben der Alhambra auf der Sabika, wie die Araber den Hügel nannten, auf dem sie sie errichteten, erloschen ... erst dann. Sollte er sich denn – als ein böser Traum – jemals erfüllen?
Jetzt jedenfalls stehen wir den Gebäudegruppen gegenüber, die hauptsächlich in dekorativer Hinsicht die Rückkehr zu der arabisch-nationalen Tradition des dichten, ebenen und feinen Ornaments bedeuten, jenseits der ephemeren höfischen Abweichung der Almohaden, die sich offenbar nur an einigen wenigen Orten des Andalus manifestiert hat.[126]

Wenn man vom ›Turm der Huldigung‹ (Torre del Homenaje) hinunterschaut auf die »alten königlichen Häuser« und auf den Neubau Karls V., dann fühlt man in einer Drastik, die man kaum für möglich halten konnte, daß zwischen diesen beiden Bereichen Welten liegen, die durch ein jeweils völlig anderes Lebensgefühl bestimmt werden.

Auf der einen Seite liegt das großzügig ausgebreitete alte Königsareal mit seinen trapez- und sattelförmigen Zeltdächern, das trotz seiner baulichen Streuung durch die Gartenanlagen einheitlich und ausgeglichen wirkt.

Südwestlich davon ragt das kastenhafte, kalte, im typischen italienischen Palazzo-Stil der Renaissance erbaute Schloß Karls, das kein Verständnis für einen räumlichen Zusammenhang mit dem sanft gebuckelten Höhenrücken im Hintergrund erkennen läßt. Überall – nur nicht in dieser Umgebung – wäre es ein triumphales Gebäude, doch hier verkehrt der Triumph sich in sein Gegenteil. Größe wird unwichtig, und das anscheinend Kleine wächst in seiner Stille zur historisch-geistigen Überlegenheit.

»Granada liebt das Kleine«, hat Federico García Lorca einmal gesagt, und das wird besonders da verständlich, wo es sich als so vollendet schön, als so gelassen, heiter und liebenswert erweist wie in diesen Höfen und Räumen, in denen der späte muslimische Kunstgeist im Nachfühlen erahnbar wird. Ahnen wird so zum subtilen Erkennen, in dem man einer Wirklichkeit ansichtig wird, deren Leben inzwischen erloschen ist.

Unter den braungoldenen Ziegelzeltdächern wird eine Baumagie erspürbar, die nicht zuläßt, daß die innere Lebendigkeit des Ornamentalen zu einer nur äußerlichen, rein dekorativen Norm gefriert. Das wird gerade im Gegensatz zu dem benachbarten ›hybriden‹ Palastbau deutlich, in dem sich der Logos des Stolzes ausdrückt und nicht die vertrauensvolle muslimische Ergebenheit in die Natur.

Wenn wir nun das Mexuar (maswār), den Empfangssaal, betreten, dann erleben wir eine steingewordene, zeichnerische und zugleich zeichenhafte Musik – ein Vergleich, der immer wieder da betont wird, wo sich die arabische Kalligraphie mit der Arabeske vereint. Es ist die Sprache, in der sie zusammenfinden, und hier in Granada ist es die poetische Sprache des Ibn Zamrak, die Stein, Stuck und Mosaik lebendig werden läßt, ›zum Sprechen bringt‹. Die Schrift, in der sich diese Sprache ausdrückt, hat hier nicht mehr die gediegene Blockhaftigkeit des Kūfī-Stils von Kairuan und Monastir, von Tunis und Córdoba, der sich durch die Schaffung floraler Serifen in ein ornamental eigenständiges Element wandelte, das die rankenhafte Verschlingung der Buchstaben geradezu nahelegte.

Hier, in der andalusisch-maghrebinischen Variante des Naš oder Tulūt werden die Lettern schlank, rundläufig, ihre Steilen fadenförmig-fein. Die Bogen

etwa von Wāw, Fā, Qāf, Yā', und Rā' schwingen unter ganzen Worten oder gar Wortgruppen aus, die Schrift scheint zu vibrieren, sie hebt und senkt sich in den Bändern und den vielförmigen Medaillons. Zusammen mit den ornamentalen Ranken, Blättern und Blüten entsteht so ein Ganzes, das von seinem Rhythmus und seiner Modulation her den Vergleich mit einer harmonisch-polyphonen Musik nahelegt.

»Der Raum eines Kalligramms ist (so auch) nicht vorstellbar ohne zeitliche Bewegung und ›ohne Rhythmus‹, und die Beziehungen zwischen Kalligrafie und Musik sind sinnfällig, deren Vibration und Sensibilität nicht dieselben sind, doch vieles gemeinsam haben. Die eine wird vom Ohr aufgenommen, die andere durch die Hand gegeben, beide setzen einen Rhythmus, eine schwingende Dynamik frei, die die Logik der Sinne und ihre Rhetorik verstärkt.«[127]

Werfen wir einen kurzen Blick auf die Baugeschichte der in jeder Hinsicht königlichen Alhambra, bevor wir uns der märchenhaften Schönheit ihrer Räume überlassen, die in einer tragischen Zeit entworfen wurden: der Miḥrāb, das Oratorium, der Myrtenhof, der nördlich von ihm liegende Saal der Gesandten, der Goldene Winkel – Cuarto Dorado –, die Sala de Comares, der stille Patio de la Reja, die königlichen Bäder, der lichte Säulenhain des axial nach Norden gerichteten Löwenhofs mit seinen Stalaktitenschleiern, der nördlich angrenzende Saal der beiden Schwestern, die Sala de Dos Hermanas, die südlich an den Patio de Lindaraja anknüpft, auf den der gleichnamige Mirador blickt, und der dem Osten zugekehrte Saal der Könige.

Es war der Gründer der nasridischen Dynastie, Muḥammad I. (1248–1273), der sich dazu entschloß, an der Stelle auf dem Sabika-Hügel, an der ehemals der Palast eines berberischen Fürsten gestanden hatte, eine neue Festung zu errichten, mit weit in das Land hinein schauenden Wachtürmen und abweisenden festen Mauern gegen den Graben hin, der sie mit den umliegenden Höhen verbindet. Er schuf auch den berühmten Torre de la Vela, auf dem an jenem schicksalhaften 2. Januar 1492 das Kreuzesbanner zum Zeichen des endgültigen Sieges der katholischen Könige über den westlichen Islam aufgezogen worden war.

Von den Bauten seines Sohnes Muḥammad II. (1273–1302) ist nichts geblieben als das Weintor, das unter Muḥammad V. (1354–1391) – stark umgewandelt – in einen zweiten Mauerkranz einbezogen wurde, und der mächtige, mit drohenden Zinnenzähnen versehene Torre de los Picos.

Muḥammad III. (1302–1309) baute westlich eine Moschee, die auf Geheiß Philipps II. 1576 zerstört wurde. So ist schließlich von den Bauten der ersten Nasriden – abgesehen von der Alcazaba – nichts mehr vorhanden.

Doch um so mehr geben die Werke ihrer Nachfolger – Jūsuf I. (1334–1354) und vor allem Muḥammad V. – beredtes Zeugnis von ihrem Bauwillen, ihrem eigenwilligen kunstsinnigen Sentiment, mögen auch viele der an dem ornamentalen Zierwerk beteiligten Kunsthandwerker Mozaraber oder Christen gewesen sein.

Jūsuf Abū l 'Haǧǧaǧ al-Ḫalīb Billāh – durch Gottes Gnade Sieger, wie er sich dem Beispiel Muḥammads I. folgend nannte – nutzte die Wirren, welche das christliche Spanien während seiner Regierungszeit fast bis zur Anarchie erfaßt hatten, und verwirklichte unter dem Schutz eines relativen Friedens seine baulichen Vorstellungen, denen in der Stadt viele der reichen Einwohner mit gleichgearteten Palastbauten nacheiferten. Er schuf auch das Eingangstor – das Tor der Gerechtigkeit –, das den Zugang zu dem königlichen Areal öffnet.

Die Oratorien und das Mexuar sind ebenso sein Werk wie die Palastgruppe, deren Zentrum der grün leuchtende, malerisch-versonnene Myrtenhof ist. Ihm, der 1354, während er in der Moschee betete, ermordet wurde, und seinem Sohn »schulden wir insgesamt gesehen die Erbauung der Königspaläste der Alhambra, die sich um die berühmten Myrten- und Löwenhöfe gruppieren, und während die Partien, die in der Zeit Jūsufs I. errichtet wurden, noch entschieden rein muslimisch sind, besitzen die, die aus der Zeit Muḥammads V. stammen, im Gegensatz dazu unübersehbar ein von gotischer oder mudejarer Handschrift geprägtes Erscheinungsbild, und die Beteiligung christlicher Künstler (an den Bauten) scheint mehr als wahrscheinlich ... Selbst in dem Konstruktionsplan erklären sich gewisse Einzelheiten aus der Kenntnis christlicher Bauwerke.«

Deutlich, so meint der Kunstkritiker Elie Lambert[128], der diese Bemerkung gemacht hat, erweise sich das an dem Palastbereich, den Muḥammad V. habe erbauen lassen. Um einen Saal – er bezieht sich auf die Sala de los Reyes – ornamental auszukleiden, habe er einen Maler bestellt, der zweifellos in der Schule italienischer oder französischer Meister seine Kunsterfahrung erworben hätte.

Nun, mag man zugeben, daß die drei Gemälde, die die Deckenflächen des linken Alcovens – das Wort stammt von arabisch al-kobba – und weiterer Felder des königlichen Saals bedecken, ganz ohne Zweifel eine allerdings eher französisch-flämische als italienische Handschrift tragen, wiewohl vor allem bei dem Feld des linken Alcovens, das Edelfrauen und Ritter darstellt, die Szenerie bis in Einzelheiten getreu das spiegelt, was französische Buchminiaturen, vor allem aber eine Folge von Radierungen eines unbekannten italienischen Meisters aus dem 14. Jahrhundert wiedergibt, die in einer feinen Kalenderblattmappe die »Welt unter den Planeten«[129] zum Gegenstand hat.

Hier scheint sich der vergleichenden Kunstgeschichte noch ein offenes Feld in der kunstgeographischen Forschung anzubieten; ganz sicher auch im Hinblick darauf, daß der zinnenbewehrte Turm, die Galerie, ja, Haltung, Haartracht und Gestik der Mädchen und Frauen, die den Rittern zuwinken oder ihnen Blumen zuwerfen, bis ins Detail dem entsprechen, was auf den Radierungen das Blatt ›Venus‹, das den Vergleich besonders deutlich vor Augen führt, erzählt.

Dagegen verraten die zehn Nasriden im Mittelalcoven des Saals der Könige deutlich persischen Einfluß, dem auch die Farben, ihrem chromatischen Wert und ihrer Tiefe nach, zeitgerecht folgen.

Andererseits, und das gilt für die Architektur ebenso wie für das Ornament im einzelnen und im ganzen, ist keine unmittelbare Ent- oder Anlehnung, auch keine zeitliche Ähnlichkeit der Konzeption aus dem abendländisch-christlichen Bereich nachweisbar.

Eher kann man annehmen, daß die Gotik die Impulse, die sie aus Córdoba und aẓ-Zahrā' empfing, im granadinischen Mudéjar wiederspiegelt, wobei dieses Werk seine Grundlage übertrifft, sie geistig überwindet. (Daß das bisher übersehen wurde, macht eher betroffen als erstaunt.)

In den Cuarto Dorado, den Goldenen Winkel, gelangt man unter zwei Bogen hindurch, die sich über flachen Treppenstufen runden. Sie ruhen, nur leicht hufeisenförmig einwärts geführt, auf schlanken Marmorsäulen, deren schmale Akanthuskapitelle reich dekorierte Kämpfer zeigen. Im Scheitel ist eine leichte Spitzkrönung angedeutet, mehr nicht. Der Weg in den Goldenen Winkel ist von reichem Ornamentwerk gesäumt, dessen Ranken zwei Fensteröffnungen enthalten, über denen wiederum die Schrift ›Gott allein ist Sieger‹ den Rahmen bildet.

Im Inneren findet man erneut einen murmelnden Brunnen, und von hier wandert nach einigen Schritten der Blick hinüber zur Bogengalerie der Sala de la Barca und in den Raum des Myrtenhofs. Seine nördliche Frontseite begrenzt der Comares-Turm, die andere enthält einen Portikus. Von ihm aus kann man die Grandiosität der Sala de los Embajadores mit seinen luftigen, durch schlanke Säulen getrennten, Bogenfenstern genießen.

Es muß bewußt geschehen sein, daß der reiche Schmuck des ›portico‹ mit dem schmucklosen, nackten Backsteingemäuer des Comares-Turms in Gegensatz gestellt wurde, um dadurch die arabeske Sprache des Dekors, und um eine solche handelt es sich stets, noch vordergründiger, sinnfälliger, reicher und klingender zu machen.

Und hier wie in nahezu allen arabischen Innenhöfen ist der Himmel mit ins künstlerische Kalkül einbezogen, und seine im Lauf der Tages- und Jahreszeiten wechselnde Farbe vermag dem Gartenrechteck, welches das Bassin mit seinen es rahmenden dichten Myrtenhecken beherrscht, eine je nachdem heitere oder auch melancholische – aus der Stille zukommende – Note zu verleihen.

Eins aber ist bei den Strukturanalysen des Fassadendekors bisher meist übersehen worden, nämlich die deutliche, siebenfach gestufte, ›komplementäre‹ Kompartimentierung der Schmuckwand, wobei die Zahl Sieben in ihrem vollen, bereits in Córdoba offenbaren Symbolwert verstanden werden muß, was erneut den Weg in den Koran und seine ›himmlischen‹ Offenbarungen weist.

Der Wechsel im Feldornament kennzeichnet so in sich den Wechsel der Sphären, deren geistiger Widerhall in dem Raumgefühl, das alle königlichen

Säle der Alhambra vermitteln, zu einer großen Sure verwoben ist, die schließlich in der Prachtkuppel der Sala de Dos Hermanas ihre äußerste Vollendung findet.

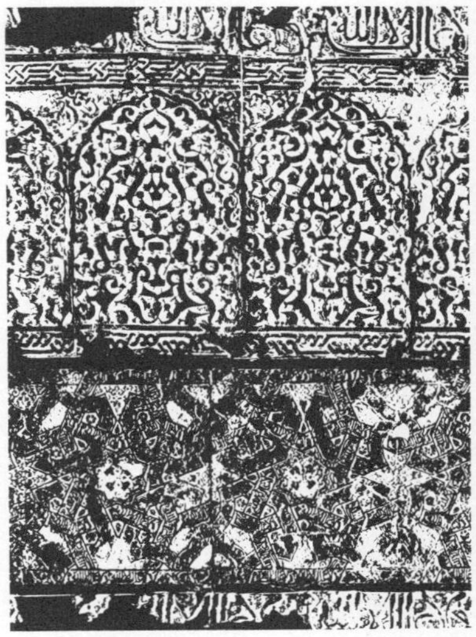

Vielleicht war es die Schönheit, die den Blick für diesen inneren Sinn verstellte, für das sakrale Geheimnis, das selbst dem islamischen Profanbau seine Weihe schenkt – jene leichte, vielfältige Schönheit, die sich überall auf den Wänden findet, in den Keramiksockeln, in der durchbrochenen oder verblendeten Stucklegende, in den Sternen- oder Ellipsenmedaillons und in der Stuckklöppelei der Kapitellflächen über den mitunter ›doppelschäftigen‹ Säulenpalmen.

1957 entdeckte man ein arabisches Verzeichnis der Gesamtzahl der Holztäfelchen, die den bunten Mosaikhimmel der Sala de los Embajadores bilden. Pater Cabanelas sprach damals die Vermutung aus, daß es die 67. Sure des Koran, die den Titel »Die Herrschaft« trägt, sein müsse, die den sieben konzentrischen Bändern dieses hölzernen Kosmos' als geistige Grundlage diene.

Und in der Tat, diese Sure erklärt in ihrer bewegten Psalmodie dieses Phänomen genau. Erst 1970 wurden die Ergebnisse der damaligen Untersuchung in »Al Andalus« veröffentlicht[130]. Die auf ihnen beruhende Folgerung, daß auch der Wölbkuppel der Sala de Dos Hermanas ähnliche kosmisch-sakrale Zusammenhänge zugrunde liegen, kann einem leicht zur Gewißheit werden, wenn man den Blick in ihrem strahlenden Sternenoktogon von außen nach innen gleiten läßt. Dabei mag man dann empfinden, was die Verse 1 bis 5 der ›Herrschafts‹sure so eindringlich dartun:

> Er ist so segensreich;
> er hält in seiner Hand
> die Herrschaft über diese ganze Welt;
> er, der zu allem Macht
> in seinen Händen hält.
> Er schuf den Tod; er schuf das Leben gleich
> zur Probe euch,
> und auch, damit er schau',
> wer all sein Handeln
> auf das Gute bau'.
> Auch zur Vergebung hat
> die Macht er ganz allein; die sieben Himmel fügte er
> in Sphärenschichten ein.
> An des Erbarmers Schöpfung, so unendlich weit,
> gibt es nicht eine Fehlerhaftigkeit.
> Und an den letzten Himmel,
> erdenwärts gekehrt,
> hängten wir Lampen auf
> zum Schmuck, der gleichwohl wehrt
> der Satansbrut, wenn sie dem Himmel naht;
> die Hölle wählten wir zu ihrer Dauerstatt.

Die dunkel umschattete, in eine unbestimmte Tiefe weisende Mittelpunktsphäre der Kuppel wird unter diesen Gedanken zur einsamen, fernen Position

Allāhs im All. In Gegenrichtung zu dieser Blickführung stuft sich die Kuppelrosette zu den Fenstertrompen hinab: mit abertausend Konchen aus dieser magischen Sphärik herausstrahlend, bei Nachtbeleuchtung fast drusenhaftkristallin und gewichtlos.

Die so versinnbildlichte Kosmologie scheint beinah mit hierarchischer Notwendigkeit in das Handeln der Geschöpfe hineinzugreifen. Die Vergebung geht aus dem über die sieben Himmel gebietenden Willen des Erbarmer-Herren in sie ein oder auf sie zu; uneingeschränkt makellos, wie die Gottesschöpfung in ihrer Ganzheit im Verhältnis zu Allāh und von ihm so gewollt.

In dieser himmlischen Gottesnähe, dem aus Allāh erwachsenden Wirklichkeitsfakt, hat das Böse, hat das widersprechend Satanische keinen Raum. Ihm leuchten – es bloßstellend – die ›Tugendlampen‹ der Rechtleitung abschrekkend und als unnachgiebige Wehr entgegen. Gedanken voller Tiefe im schlichten Wort der wissenden Prophetie gesprochen, dichterisch verkündet, damit sie ›zu Herzen‹ gehen und das Empfinden der gläubigen Betrachter dieses ›fragilen‹ Wunders anrühren und binden.

»Der Palastbau«, sagt Ernst Kühnel, »scheint seine Bedeutung für die Architekturgeschichte weniger im Grundriß und Aufbau als in der dekorativen Ausstattung zu finden. Seine Probleme betrafen vor allem die Aufteilung der zu schmückenden Flächen und der Erzielung perspektivischer Durchblicke.

In dieser Hinsicht haben die Meister der Alhambra Unerhörtes geschaffen, und es verschlägt der Bedeutung ihrer künstlerischen Leistung nichts, daß sie mit den Mitteln eines raffinierten Kulissenblendwerks arbeiteten.

Man vergißt gern bei den kühn getreppten Wölbungen, daß sie lediglich in einen solide gemauerten Rahmen hineingestellt, und bei den in unzähligen Bienenzellen aufsteigenden Sternkuppeln, daß sie mit starken Eisen in einer vernünftigen Balkendecke verankert sind; aber abgesehen von diesen Täuschungen wurde in anderen Fällen die Lockerung der Lastmassen und ihre geschickte Verteilung auf zierliche Säulen mit erstaunlicher Sicherheit durchgeführt.«[131]

Sicherheit des Glaubens äußert das ganze Baugefüge auf dem Sabika-Hügel, und die zerbrechlich scheinende Umhüllung eines gediegenen Baukerns drückt letztlich nur die geistige Anerkenntnis aus, daß sowohl das architektonisch wie auch das ornamental Sinnfällige in der vorübergehenden Erscheinungswelt bedingt ist. Irdisches geht vorüber: Es vermag aus sich heraus nicht, die Dauer zum das Maß übersteigenden Prinzip in der Zeit zu machen. Auch das Schönste wirkt als Schönes nicht ›in sich‹, sondern ist lediglich Schein.

Das Beduinische, das sich in der Alhambra – am reinsten in der Säulenarchitektur, der Oasenhaftigkeit des Löwenhofs und seiner prachtvollen ›Zelträume‹ um ihn herum – in philosophisch-architektonisch-ornamentaler Verdichtung zur einmaligen Erhabenheit brachte, hat keine Bleibe, wenn man diesen Begriff überzeitlich versteht. Seine Existenz ufert lediglich in einer Weite, die nur deshalb statisch erscheint, weil sie, ›dem Schein nach‹, die Grenzen flieht.

Die Sala de las Dos Hermanas und die Sala de Comares (Sala de los Embajadores) – das arabische qamarijja bezeichnet seit der Mitte des 13. Jahrhunderts die Buntmosaiken der Glasfenster – leben beide ebenso wie der Saal der Könige, ja, wie alle Räume der ›Roten Burg‹ aus diesem Geist heraus, der dem liebenswerten Augenblick mehr zugewandt ist, als einer Beständigkeit, die das irdische Sein nicht von einem theologischen Ursprung her, wie ihn der Koran dartut, trägt.

Das ist fundamental islamisch. Das ist der offene Widerspruch zu der zeitgenössischen christlichen Gotik, bei der der Bauwille dahin strebt, den Menschen über seine irdische Existenz hinaus in der festen Dauerhaftigkeit seiner himmelwärts gerichteten Gotteshäuser Gott selbst nahezubringen.

Das menschliche Werk richtet sich hier in und nicht unter Gottes Willen auf das existenzielle Überdauern in Stein und Struktur. Nicht Demut und Gelassenheit herrschen, sondern das selbstbezogene Hinaustreiben des menschlichen Ich aus der zeitlichen Bedingtheit in das überzeitliche Absolute, in das mystische Unbedingte.

Doch Dauerhaftigkeit und Monumentalität sind zumindest dem westlichen Islam in seinem andalusischen Zweig stets fremd gewesen und unverständlich geblieben. Zu sehr hat in ihm das Gärtnerische zu einer intimen, wenn auch – wie in Granada – weithin sichtbaren Binnenarchitektur gefunden, die sich landschaftlich indessen immer wieder zurücknimmt, das Kleine liebend, wie das García Lorca ›seinem‹ Granada mit der Wärme des in der Heimat ›Heimischen‹ zugeschrieben hat.

Und die Schriftbänder, die in der Sala de Dos Hermanas umlaufen, machen in einem großen Gedicht, einer Quasīde, den Garten der Nasriden lebendig, so lebendig, wie er sich in den ›patios‹, den ›jardines‹ im benachbarten Generalife bleibend verwirklicht hat.

Es war der Dichter der Alhambra, Ibn Zamrak, der sie in panegyrischen Versen dem Erbauer des Löwenhofs und der Sala de Dos Hermanas, Muḥammad V. al-Ġāni bi-llāh, gewidmet hat. Obwohl das Gedicht der Überzeichnung seines Helden nahe war, entging es ihr doch durch die wundervolle Plastizität und Melodik im Besingen der Schönheit dieses Gartens, die man ohnedies nicht zu übertreiben vermöchte.

Daß mit dem ›Garten‹ aber auch der prächtige Raum mit der Sternensphärenkuppel als in zweifacher Hinsicht ›kosmisch‹ gedacht wird, zeigt seine Lage in der nördlichen Fortsetzung der Querachse des unübertrefflichen Hofs, dessen Architektur den islamischen Baugeist in seiner späteren Entwicklung zu einem endlichen Triumph vor seinem Untergang geführt hat:[132]

> Ich bin der Garten, der die Schönheit liebt:
> Du weißt mein Sein, wenn du mein Antlitz schaust
> durch Muḥammad, den König, der mich gab,
> den Edelstein, der sein wird oder war.
> O hohes Werk, es ist der Zukunft Wunsch,
> daß keine Kunst dein Leben überstrahlt.
> Dein Wollen neuert meinen Schönheitsrausch:
> Plejaden winken dir im bunten Kreis;
> mit seinem Fächer kühlt der Zephir sie,
> und eine Kuppel leuchtet strahlend hell,
> geheimer Schönheit fehllos offenbar.
> Willfährig reicht Geminis ihr die Hand,
> und kommt zu ihr, zu plaudern mit dem Mond.

Eng beieinander wünscht die Sternenwelt –
und dreht sich weiter nicht im Raum –
in beiden Höfen nahe ihm zu sein
und ihm zu dienen, sklavenhaft und treu.
Es ist kein Wunder, daß das Licht verhält
und die Bedeutung seinen Weg begrenzt,
damit es meinem Herrn demütig dient,
der unerreicht dem höchsten Ruhm sich weiht.
Der Säulenkranz ist ohnegleichen schön,
daß der Palast dem Zelt des Himmels gleicht.
Du schmückst ihn mit dem reichsten Silberstoff,
daß Jemens Webstuhl ich, der ihn gewebt, vergeß'.

Wie viele Bogen tragen seine Last empor,
die Säulen lassend in die Strahlenflut,
wie Himmelssphären, die sich magisch drehn
hoch über'm Säulenglast des Morgenrots!
Der Säulen Ganzheit ist so wunderlich,
daß jede Sprache ihren Ruhm benennt.
Es schenkt der Marmor reich sein weißes Licht,
den Raum erfüllend, den der Schatten schwärzt;
trotz seiner Tiefe sind die Lichter bald
wie Perlen, die im Widerlicht erglühn.
Nie war ein Alcázar von höh'rer Art,
von rein'rer Zeichnung, die den Raum bestimmt.
Nie war ein Garten ähnlich blütenschwer,
von süß'rer Frucht und süß'rem Früchteduft.
Durch Gunst des Richters, der die Schönheit wägt,
zahlt er in zweien Werten Doppelwert.
Doch wenn im Frührot er in Händen hält
des Lichtes Drachmen, reich genug, so lockt
er bald dickflüssig aus dem Hain
der Sonne Doppelgold, daß es ihn schmückt.
Die Bindung gibt ihn an den reichen Sieg:
Nur dem des Königs beugt sich sein Geschlecht.

Es gibt gar keinen Zweifel: Ibn Zamrak betrachtete und besang zugleich mit dem Garten den Raum, den sein Gedicht schmückt – eigentlich alle Räume und die sie hofseits begrenzenden, ebenfalls floral-kosmologisch überwobenen Arkadenfelder.

An den beiden Schmalseiten des Löwenhofs öffnen sich unter dreibogigen Baldachinen auf ganz zarten Säulen schwebende Pavillons, und das gesamte Säulenrund dieses von den zwölf Löwen und der gewichtigen Brunnenschale beherrschten Hofs ruft erneut das koranische Bild von den einstämmigen und zweischäftigen Palmen hervor.

Hier scheinen diese Marmorsäulen zu lächeln, und wären nicht die durchbrochenen Stuckfelder, die sich wie steinerne Schleier unter wunderlichen Naši-Schriftbändern herabsenken: der Himmel den Allāh ›ohne Stützen‹

erbaut hat, hier wäre er vorparadiesische, irdische Realität geworden. Der koranische Anspruch fand hier architektonische Erfüllung; das Bild des Paradieses wurde bildhaft in die Wirklichkeit hinübergetragen.

Je drei Säulen bündeln sich an den Ecken der Pavillons unter zusammengeführten Kapitellen, denen ein gemeinsamer Sockel mit feinstem Naši-Filigran aufliegt. Von den Pfeilern teilen sich die Stalaktitenbogen aus, eng – abgesehen von den mittleren – und doch luftig in ihrer Dichte. Hier findet sich wieder der gärtnerische Grundgedanke, den die unbekannten Künstler des 14. Jahrhunderts aus der konkreten Nähe von Blumen, Bäumen und Hecken in die scheinbar unbegrenzte Gabelblattornamentik übertragen haben. Eine weit dem Himmel geöffnete Oase ist so entstanden, um deren Brunnen die Inspiration eine Palmengruppe sehen möchte[133], die an den Ecken von Bitterorangenbäumchen ergänzt wird.

Unter den Galerien und in die sie anschließenden Säle setzt sich die Stuckphantasie fort, und man vermag sich kaum vorzustellen, daß sie einmal ganz und gar von sattem Rot, Blau und Gold, dem ›Yeso‹-Dekor aufgelegt, erfüllt war.

Doch bald wird der Blick von der Inschrift des weiten Brunnenrands angezogen, und erneut klingt eine Qasīde des Ibn Zamrak auf, der, am 29. Juni 1333 geboren, um 1392, während er mit seiner Familie den Koran las, vor den Augen der Frauen des Hauses ermordet wurde:[134]

Gesegnet sei, der Muḥammad, der dem Imam
so kostbar reiche Wohnungen geschenkt,
die jeder Wohnstatt
höchste Zier und Freude sind,
daß Gott nie größ're Schönheit, die ihm gleichkommt,
jemals mehr erlaubt.
Und diese wohlgeformten Perlen,
transparent und rein,
die seine Ränder wie
ein Tränensaum umglühn.
O Silberfuß, der zwischen diesen Perlen glimmt
und dem an Schönheit,
seiner Reinheit wegen, seiner Helligkeit
nichts Schönes je sich wieder messen mag!
In einem Augenblick verbindet sich
das Fließende dem festen Stein,
das Wasser sich dem Marmor und wir wissen nicht,
wer's von den beiden ist, der sich hinabverströmt.
Siehst du nicht, wie das Wasser
von den Seiten rinnt
und dennoch sich
im Brunnenrohr versteckt?
Es gleicht so dem Geliebten,
dessen Lider voller Tränen sind
und der aus Furcht vor dem Verräter
sich verbirgt.

Ist es in Wahrheit nichts als eine Wolke, die
so silbern fein die Löwen übergießt?
Sie ist wie des Kalifen Hand, die frei am Morgen ihre Gaben leicht
an seine krieggeübten Löwen schenkt.
O du, der du die lauernd-starren Löwen siehst!
Die Ehrfurcht hieß sie
nicht mit ihrer Feindschaft drohn.
O du, der wilden Wandergänse kühner Sproß
und nicht vom Seitenstamm;
der Größe Erbgeschenk, durch das
die Edelsten du selbst verachten magst.
Für ewig sei der Segen Gottes
mit und über dir,
der deine Freuden freundlich mehrt
und deine Feinde gnadenlos verschlingt.

Im Nachklang dieser Verse wird die Erinnerung an andere hervorgerufen, nämlich an die des al-Tutili aus Tudela (gestorben 1126), der seinem »Löwenbrunnen« in einem Zweistrophengedicht bleibend Gestalt verliehen hat. Hier wird knapp gezeichnet; die Metaphern genügen sich nicht im Malerischen, sondern spiegeln sich auf den Betrachter in einem langen Vergleich reflektierend zurück:[135]

Ein Löwe? Nein, wenn ich
befrage näher mich,
gestehe ich mir ein,
er ist nichts als ein Stein.

Der alte Leu sitzt dort
ganz starr an seinem Ort;
die Milchstraße er sprüht
aus seinem Maul und glüht.

Diese Bilder verweilen und gehen in die Erinnerung mit: an die Bäder mit ihren bunten Azulejoswänden und -nischen, an den Mirador de Daraxa, der den Blick in den Patio de Lindaraja schweifen läßt, gehen mit durch die Gärten des Partal auf dem blühenden Weg hinüber zum Generalife, der wie ein Garten im Garten daliegt und sich mit seinen weiten Durchblicken in die Bergumwelt hinein öffnet, oder in die Vega, die wie seine natürliche Fortsetzung anmutet.

»Von dort beherrscht man die alte Stadt, den Albacín mit dem Darro zu seinen Füßen, und genießt den vollen Anblick der Vega mit ihren Dörfchen und die tiefste Talmulde der Sierra Nevada . . .

Der Generalife ist nicht, wie das William Marçais betont, geometrisches Quadratnetz, hineingezeichnet in einen jungfräulichen Hain. Er ist in Wirklichkeit eine Reihe von Einbergungen, von denen eine jede einen besonderen Umraum hat und deren Folge die Strophen eines sinfonischen Gedichts verbindet.

Jede Raumgestalt und ihre eigenen Maße bestimmen sich aus seinem eigenen schöpferischen Sinn heraus. Aus den Eingangshöfen nimmt die Idee ihrer Funktion deutlich Gestalt an. Der erste gestattet Umritte, und der zweite ist ein

Portikus, der den Durchgang öffnet und geistig darauf vorbereitet, in den Hauptraum einzutreten, den Patio de la Acequia mit den beiden Pavillons an den äußeren Enden oberhalb einer Achse, die die gerade Linie des Wassergrabens bestimmt, der die Springbrunnen speist und den Blick geradewegs auf das Tal des Darro und des Albaicín und lateral zur Alhambra und in die Vega lenkt.«[136]

Diese Brunnen sind anmutig. Und ob sie nun aus silbernen Mündern ihre Fontänen in die duftende Luft versprühen oder ob murmelnd das Wasser über ihre Ränder rinnt – sie erwecken den Gedanken an den frühen Morgen nach einer romantischen Nacht, so wie ihn al-Mustazhir aus Córdoba (gestorben 1024) einmal erlebt hatte, als er »Von der Liebsten verschmäht« schrieb:[137]

Die Spuren dieser Nacht
sind lang und werden matt,
seit mich dein Herz verlacht,
dein Aug verspottet hat.

O Listgazelle du!
Du hältst mich schnöde hin;
schwörst Treue immerzu
und führst nur Trug im Sinn.

Erinnerst du dich nicht
der reichen Stunden Glück?
Wir sanken eins, ganz dicht
ins Blumenbett zurück.

Der Sterne Nachtgeglüh
schien warme Perlenpracht.
Aus Lapis lazuli
ein Ozean die Nacht.

Das Paradies erfüllt sich, so lange wir hier auf Erden sind, nicht für die Ewigkeit. – Granada nimmt uns auf, wo noch so manche stille Spuren an die Zeit erinnern, in der die Alhambra voller Leben war, das in der Zurückgezogenheit und aus der Weisheit der koranischen Prophetie herauswuchs.

Wie die »Klage über Córdoba« hat Federico García Lorca das ›adiós‹ von Granada dem Erinnern eingeprägt, als er in seiner, das Kleine unendlich zart empfindenden Sprache dieses Morgenbild in sein Werk schrieb:

»Mit phantastischen Echos steigen die weißen Häuser über den Berg . . . Vor ihm schlummern die goldenen, stumpf-kurzen Türme der Alhambra, den Himmel übersteigend, in einem orientalischen Traum. Der Darro klagt seine alten Klagen, Winkel maurischer Legenden umspülend, empor. In der Luft rundum summt der Gesang der Stadt. Der Albaicín streckt sich eng über die Höhe dahin; seine Türme, voll von Mudéjar-Anmut, erhebend . . .

Eine grenzenlose Harmonie rund umher. Weich ist der Tanz der Hüttenwellen den Berg hinauf. Zuweilen, zwischen der Weiße und den roten Noten des Hüttengetümmels, sind da herbe Flecken und dunkelgrünes Gesprenkel der Feigenkakteen.

Im Wechsel mit den großen Türmen der Kirchen erscheinen die Türmchen der Klöster; es leuchten ihre eingekerkerten Glocken hinter dem Flechtwerk der Gitter und singen in die himmlischen Morgenfrühen von Granada, den tiefen Honig der Vela lustvoll erwidernd. In den hellen, wunderbaren Tagen dieser erhabenen leuchtenden Stadt verkürzt sich der Albaicín auf das einzigartige Azurblau des Himmels, überquellend in ländlich verzauberter Grazie . . .

All das, was an Stille und Weite die Stadt und die Vega besitzen, hat dieses maurische Viertel an Enge und tragischer Not. Überall arabische Erinnerungen. Bogen, schwärzlich und rostig; Häuser, dickbäuchig und untersetzt, mit Geländern umstickt; geheimnisvolle Rumpelkammern mit dem Lineament des Orients; Frauen, die so sind, als seien sie aus einem Harem entflohen . . .

Wenn eine von ihnen ihre Kinder oder irgend jemanden sonst ruft, sogleich wird eine lange, gemurmelte Klage daraus, und die gekreuzten Arme, die strähnigen Haare geben den Eindruck reiner Ergebenheit in das Geschick und eines Glaubens in die wirkliche muslimische Bestimmung. Immer sind Zigeunerrhythmen in der Luft und verzweifelte oder spottende Lieder mit kehligen, heiseren Klängen . . .«[138]

Von Sevilla, dem Puls am Meer, nach Toledo, dem Tor zum Süden

Sevilla – Išbiliya oder Ḥims – »ist unter den Umajjaden immer die – nach der kalifalen Hauptstadt Córdoba – blühendste Stadt Andalusiens gewesen. Wie dieses am rechten Ufer des Guadalquivir, des ›Großen Flusses‹ gelegen, dessen arabischer Name überdauert hat, beherrscht es ein Hinterland, das sich durch seine Fruchtbarkeit und die Mannigfaltigkeit seiner landwirtschaftlichen Güter auszeichnet.

Nach dem Kalifat sollte es einen noch weit größeren Aufschwung nehmen, als es im 11. Jahrhundert die Hauptstadt der Abbadiden wurde, und vor allem, als die Almohaden Córdoba, das die bevorzugte Stadt der Almoraviden gewesen war, fallenließen und es mit einer neuen Hauptmoschee von riesigen Ausmaßen und einem diesen Maßen entsprechenden Minarett, der berühmten Giralda, ausstatteten.«[139]

Nach wir vor bestimmt die Giralda das Bild dieser versonnenen Stadt, die so eigentümlich zwischen Schwermut und Heiterkeit schwankt, zwischen Todessehnsucht, deren Grundlage nicht erst in der christlichen Ära der Nach-Reconquista zu suchen ist, und verspielter Gelassenheit, die sich im individuellen Narzißmus ihrer Bewohner äußert und bisweilen auch zur Aus-Gelassenheit wird.

Bevor wir uns der Giralda zuwenden, wollen wir das Bild der Stadt nachzeichnen, das sie zur Zeit der Abbadiden und Almohaden bot, einer Zeit, in der Sevilla auch in künstlerischer und literarischer Hinsicht ›zum Herzen‹ – so sagt es Hans Roselieb[140] – nicht nur Andalusiens, sondern des ganzen ›orientalischen‹ Spanien (in seiner Endzeit) wurde.

Vergleicht man etwa die Mauerrüstung, die sie nach dem Normanneneinfall 844 durch 'Abd ar-Raḥmān II. erhalten hat, mit dem inneren Gürtel, der heute den Stadtkern umschließt, so ist die Übereinstimmung überraschend.

Ja, es lassen sich noch ganz deutlich die Stellen bestimmen, an denen sich im 10. Jahrhundert die Tore befanden: das Tor Bāb Šaris oder Bāb al-Kuhl – die heutige Puerta de Jérez am Zusammenfluß der Aveniden Carlos V-San Fernando-del Cid und Menéndez Pelayo auf der Plaza Juan de Austria im Südostwinkel –, Bāb Qarmūna (Puerta de Carmona) im mittleren Abschnitt des Ostrings, Bāb Qurtūba (Puerta de Córdoba), in deren Nähe sich noch heute der Almohadenwall befindet, Bāb Maqrina (Puerta Macarena) im Nordwesten, die einmal zu dem maurischen Friedhof Maqbarat al-Ṣūlaḥā' hinausgeführt hatte, und Bāb Djawhar (Puerta Real), die ungefähr in der Höhe der Puerta Isabel II. gelegen haben muß.

Wie in Córdoba pulsieren die Innenviertel Sevillas noch immer aus ihrem alten, arabischen Lebensgeflecht heraus. Und ob sie es wahrhaben wollen oder nicht – selbst während der alljährlichen christlichen Passion in den engen Straßen vor der Kathedrale sind die Herzen der Menschen vom Echo des Orients bewegt.

Als 1248 erneut das Kreuz die Macht gewann, brachte Sevilla die Intimität des islamischen Lebensrhythmus als Opfer dar. Und doch wird dieser Rhythmus spürbar abseits des weiten Kathedralraums und der in zweifacher Hinsicht symbolischen Plaza del Triunfo zwischen dem Alcázar und »dem (damals) größten gotischen Dom der Welt«[141].

Er wird spürbar in den vielen Innenhöfen und in den weißen Häusern, die sich im Herzraum der Stadt um die ›plazuela-jardínes‹ sammeln, jene grüngoldenen Inseln, deren Stille in den Stunden der Siesta nur vom Plätschern eines kleinen Brunnens erfüllt wird. Es ist, als sei die Zeit 1147 stehengeblieben, als die Almohaden Sevilla zu ihrer weithin leuchtenden Residenz erhoben.

So triumphiert denn auch das maurisch-mudéjare Kunstempfinden im Bau des Alcázar des sowohl grausamen wie kunstsinnigen Don Pedro – eine zierliche Kūfi-Inschrift bezeichnet ihn als ›Sultan, der Gott zum Sieg geführt hat‹ – über den spätgotischen Kathedralkoloss, der sich sieghaft gibt, aber doch so schwermütig dunkel ist: völlig fremd in der früheren maurischen Umgebung.

Er ist nicht, wie es Alfonso Lowe und Julius Meier-Graefe schrieben, »ein Wunder«. Denn das wirkliche Wunder wächst aus der Stille, es lebt in der Abgeschiedenheit und ist dennoch für den, der seine Sprache verstehen möchte, ein offenbares Geheimnis. ›Großartigkeit‹ ist so immer der Gegensatz zum Wunder. ›Großartigkeit‹ stellt sich dar, ist Präsentation, ist Veräußerlichung. Das Wunder dagegen ruht im Tresor seiner Winkelschönheit und spricht nach innen.

Die herrlichen gotischen Fenster in Chartres erschließen ein solches Wunder, das nach innen spricht, in der maßvollen Erhabenheit des reinen, sakralen Bauwerks, das Auguste Rodin in seinem Buch über die französischen Kathedralen so liebevoll gezeichnet hat[142], ebenso wie die Goldene Moschee – trotz ihrer Weite – dennoch als Ganzes wie im Einzelnen gegenüber der Landschaft, in die sie sich breitet, ein Wunder birgt.

In der Kathedrale von Sevilla verkam das gotische Bauwunder der Zwiesprache zwischen mystischer Glut und (gleichzeitigem) scholastischem Ernst zur ausschließlichen royal-klerikalen Prächtigkeit, die zwar so manches ›Wunder‹ in sich aufgenommen hat, aber dennoch unter der andalusischen Sonne einsam und verloren erscheint.

Die vielen Fialen, Wimperge, Bogen und Wasserspeier, die die stumpfe Last ein wenig auflockern, auch sie können diesen Eindruck nicht verwischen, mag man sich auch eingestehen, daß es ihren Erbauern im Lauf der Jahrhunderte gelungen ist, die mannigfachen Elemente der Entwicklung der spanischen Kunst in ihr zu einer eigenartig imponierenden Einheit zu verschmelzen.

Doch die maurische Welt begegnete ihr von allen Seiten und setzte sich zu ihr in einen kulturellen und psychischen Widerpart. Dadurch wurde sie in dieser urbanen Sinfonie zu einem die Harmonie beeinträchtigenden Kontrapunkt, der den melodischen Zusammenhang von Gärten, Strom und Wohnquartieren, die sich bis zum Sarāf mit seinen sanften Talmulden erstrecken, nicht mitzutragen vermochte – trotz des friedlichen Patio de las Naranjas mit seinem westgotischen Brunnen.

Mit den Augen Ibn Ḥiṣns sollte man die Stadt betrachten; mit den Sinnen, die geöffnet, und den Liebesempfindungen, die übermächtig waren, als er – gewiß ein wenig panegyrisch-formelhaft, doch nicht minder ehrlich bekennend – sang:[143]

Sevilla, o, wenn sich die Sonne neigt
der langen Ruhe nach dem Tage zu:
wie eine Frau, in Schönheit ausgeformet, liegst
im goldnen Lichte, Liebe lächelnd, du.

Der Fluß, er ist dein Halsschmuck, der erstrahlt;
der nahe Berg, er ist die Krone dir.
Wie eine Hyazinthe steigt die Sonne jetzt
darüber hin und winket dir und mir.

Ja, »wie Córdoba wird es vom Guadalquivir umflossen, doch hier bietet der Fluß, weiter stromaufwärts, den Sevillanern Inseln und Ufer, die zur ausgelassenen Fröhlichkeit geradezu einladen.

Da das Gebirge weit ist – die Ausläufer der Sierra Morena, die Córdoba so nahe sind, verlieren sich in dem Maße, in dem der Strom dem Meere zueilt – schenkt es der Stadt wenigstens einige sanfte Taldellen, die unter kühlem, schattigem Laubwerk zum Ajarafe – aš-Šarāf – hinaufführen.«[144]

Andererseits hat die Nähe zum Meer schon seit der Römerzeit – Caesar nannte Sevilla Colonia Julia Romula – Sevillas Blick geweitet. Seine Menschen erfuhren den Nutzen, den der Hafen gab und mehrten ihn durch Fleiß und Erfindungsreichtum. Sie, die sonst so einwärts gekehrt waren, fanden über den weiten Golfbogen hinaus den Hang zu Abenteuer und Ferne – eigentlich eine Weitesehnsucht über die ›Gartenschwelle‹ hinaus.

Hierin begründete sich die Wohlhabenheit der Stadt und ihrer Menschen, denen aus der Weite wie aus dem Nahvertrauten, zu dem man immer wieder heimkehrt, die Weisheit des Erfahren-Habens in immer neuen geistigen Regsamkeiten erwuchs.

Kein Wunder also, daß in der Zeit der arabischen Kleinkönigreiche – vor allem unter dem dichtenden Fürsten Muḥammad al-Mu'tamid (gestorben 1069) – die Palastkleinodien entstanden. Kein Wunder, daß in ihnen und um sie herum in den Gärten, die bis zum Strom reichten, das intellektuelle Leben in Fülle erblühte, in dem die höfische und bürgerliche Liebe ebenso ihren Platz hatten wie die Philsophie, ja die Musik.

Al-Mu'tamid selbst hat uns den Glanz in Versen beschrieben und uns durch ein zartes Gedicht in die Welt der ritterlichen Minne seiner Tage eingeführt. Der starke erotische Zauber, der sich am Fluß freigab und zur intimen Erfüllung wurde, läßt an so manches Gedicht denken, das aus dem Minnesang der späteren Troubadoure auf uns gekommen ist: Zarter, unmittelbarer, wahrer war indessen keins. Das Dahingleiten des Stroms verknüpft sich hier mit dem Gleiten des Armschmucks der Geliebten und dem Strom der Zeit:[145]

O süße Nacht gelöster Fröhlichkeit;
dort an dem Strom glitt hin die süße Zeit,
dort neben meinem Mädchen, über dessen Arm
so lieblich glitt der Armreif funkelnd warm.

Sie öffnete ihr Kleid, auf daß ich schau
den baumgleich ranken Körper; süße Frau,
die ihren Kelch in jener Stunde öffnend schenkt,
in dessen lohe Blüte ich mich ganz versenkt.

Auch seine Paläste hat er in Versen gepriesen, doch bis auf den jetzigen Alcazar sind alle untergegangen. Diejenigen, in denen er mit seinem Harem residierte, waren al-Mukarram, einer seiner spätesten Bauten, dessen Garten, wie es bei ad-Dahīra (III) heißt, »eine Überfülle an Blumen enthielt«. Der zweite aber – al-Mubārak – ist zweifellos der heutige Alcázar, wenn er auch viele Um- und Neubauten, Restaurationen und ornamentale Wandlungen erfahren hat.

Beide lagen sie innerhalb der befestigten Stadtmauern auf einer Fläche, die bis zur Puerta de Jérez reichte, hineingebettet in Gärten, die wohl wie die von az-Zahrā' beschaffen gewesen sein müssen oder so waren, wie sie heute noch sind: voller Wechsel, Lichtnischen, Brunnen, Wasserläufe und Schattenwinkel, die Palmen, Orangenbäumchen und Myrtenhecken schenkten.

Aber die Geschichtsschreiber »waren so eingefangen von der Schönheit der umajjadischen Paläste von Córdoba, daß sie uns nichts über den Alcázar von Sevilla berichtet haben; und es sind wenig mehr als Kurzmitteilungen, aus denen wir erfahren, daß Ibn 'Ammar – der Wesir al-Mu' tamids – nach seinem Verrat aus Gewinnsucht in einer gurfa, einem hochgelegenen (Turm)zimmer über dem Tor von al-qaṣr al-mubārak, ›erkrankte‹ und seine Leiche an der Schloßmauer verscharrt wurde.

Al-Marrākušī bestätigt, daß der Palast bereits zu seiner Zeit existierte, und Ibn al-Abbār unterrichtet uns, daß 1218, als er in Sevilla studierte, ein Stadtviertel sich Ḥawmat al-qaṣr almubārak nannte.«[146]

Die äußeren Mauern und die wie sie zinnengekrönten, wuchtigen Türme sind heute noch so, wie sie wohl schon gegen Ende des 12. Jahrhunderts, also unter den Almohaden, dagestanden haben, wenn auch manches auf eine ältere, ins 10. Jahrhundert zurückreichende Vergangenheit schließen läßt. Doch lassen die zahlreichen Neuerungen und Zerstörungen es schwierig erscheinen, die Chronologie des gesamten Baukomplexes darzustellen.[147]

Das, was sich unseren Augen heute darbietet, ist ein wesentliches Zeugnis der Kunst des mudéjar, wobei man deutlich erkennen muß, daß dieser Begriff weniger einen in sich abgeschlossenen Stil beinhaltet, als vielmehr eine zeitbestimmte Entwicklung.

Sie ergab sich aus der immer erfolgreicher werdenden Reconquista, die aus den islamischen Künstlern und Handwerkern ›Vasallos moros‹ der christlichen Eroberer machte. Dennoch übten sie – in Frieden gelassen – ihre Kunst bis ins 17. Jahrhundert aus, entfalteten sie sogar weiter, wobei sie sie sowohl zum Guten als zum Schlechten gestalteten.

Dabei führt sich der späte Manierismus einerseits auf ein Sichtabnutzen der ursprünglichen schöpferischen Prinzipien und Gestaltungsinhalte, andererseits auf eine bereitwillige Übernahme ihm vom Wesen her fremder Elemente zurück. Das autochthone Wesen verliert sich in eine bloße architektonisch-ornamentale Gestik.

Im ganzen aber vollzog sich jede Neuerung – wo sie je an den Kern rührte – in der muslimischen Kunst unerhört langsam, nie krampfhaft-revolutionär, selbst nicht in der Weise einer aus sich selbst genährten Evolution, sondern durch von außerhalb an ihren geistigen Boden herangeführte Faktoren.

Im allgemeinen jedoch war die muslimische Kunst so widerstandsfähig und sich selbst treu, daß sich nach ihrer Überdauerung in der maurischen Architektur Marokkos, Tunesiens und Algeriens Änderungen nie als solche der Idee, sondern lediglich als solche beiläufig-akzidentieller Natur erwiesen, die nie zu den Grundaussagen vordrangen.

Fortsetzung des Textes auf Seite 209

Von Sevilla nach Toledo

Der Alcázar

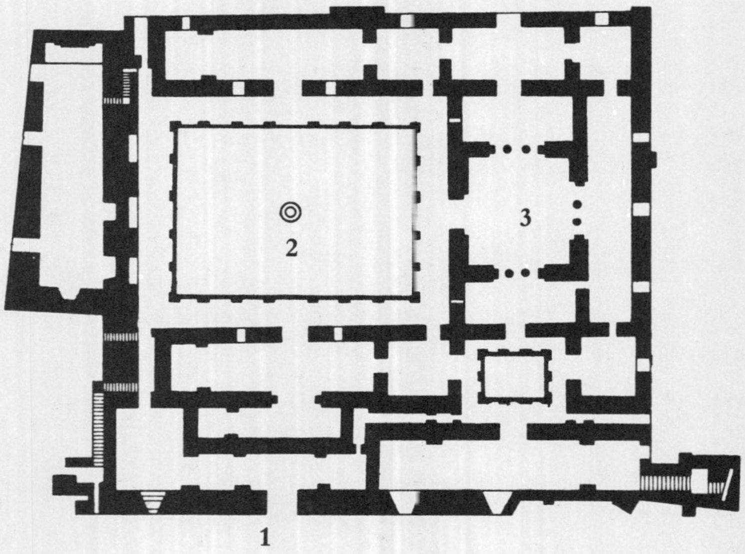

1 Puerta Principal
2 Patio de las Doncellas
3 Salón de Embajadores

64 Blick von der Gordo del Cerro, die gebirgige Küste bei Almunécar an der Costa del Sol
65 Salobreña mit Alcázar
66 Ronda, ein hoch im Gebirge gelegenes Städtchen. Puente Nuevo über der 100 m tief abfallenden Schlucht Tajo, auf deren Grund sich das Flüßchen Guadalevin schlängelt
67 Salobreña mit Zuckerrohrfeldern
68 Kathedrale von Sevilla mit Giralda im ersten Morgenlicht
69 Alcázar de Sevilla. Patio de las Doncellas
70 Alcázar de Sevilla. Salón de Embajadores
71 Alcázar de Sevilla. ›Patio de Banderas‹, der alte Platz von Armas, mit der Giralda im Hintergrund
72 Sevilla – Barrio de Santa Cruz – Calle de la Vida
73 Sevilla – Casa de Pilatus – Patio Mudéjar
74 Sevilla – Casa de Pilatos – Fenstergitter von Salón del Pretorio
75 Arcos de la Frontera
76, 77 In der Sierra Agreda zwischen Córdoba und Granada mit Blick auf die Sierra Nevada
78 Toledo mit Tajo im Abendlicht
79 Die ehemalige Synagoge Santa Maria la Blanca in Toledo ist almohadischen Ursprungs
80 Cristo de la Luz mit westgotischen Kapitellen war die älteste Moschee in Toledo
81 Felder bei Arcos de la Frontera y Sevilla
82 Alcázar de Sevilla. Patio de la Montería und Mudéjar-Fassade des Palastes von König Pedro

VIDA
AS CADENAS

73

74 ▷

76

77

78 ▷

Selbst die gartenbaulichen Ideen bewahrten sich auf dem afrikanischen Boden: unverändert rein und auf der Basis der koranischen Aussage und eines abstrakten kosmisch-floralen Anspruchs ruhend.

So ist denn der Mudéjar-Stil, der auf das arabische Wort mūdajjān zurückgeht, das die Leute im dajn, die als Unterworfene ›im Winkel‹, ‹in der Enge‹ leben, bezeichnet, nichts anderes als die Kunst, die die Muslime auf christlichem Boden weiterführten, und auf diese Weise »würde jedes Fortschreiten der spanischen Reconquista grundsätzlich eine Ausweitung des Mudéjar bedeuten.

Toledo wurde 1085 zurückerobert, Saragossa 1118, Córdoba 1236, Sevilla 1248. Der Fall Granadas im Jahre 1492 beschloß das Epos der Wiedererorberung.«[148]

Was Peter I., der Grausame (1350–1369) auf oder in den Mauern von al-Mubārak errichten ließ, ist – abgesehen von wenigen Bauteilen älterer, teils kalifaler, teils almohadischer Herkunft – ein Werk granadinischer und toledanischer Meister, die noch einmal auf iberischem Boden als Mudéjares den Geist des Islam unter der kastilischen Krone zu einem vollendeten Erfolg führten.

Er wird auch dadurch nicht geschmälert, daß sich hier und da unter Ferdinand und Isabella, Karl V., Philipp III. und schließlich unter Philipp IV., der den Palast 1733 fast völlig restaurieren ließ, fremde Baugedanken in die maurische Residenz und ihre einheitliche Baukonzeption gedrängt haben.

1857, als der Herzog von Montpensier, der Sohn Louis-Philippes, eine spanische Prinzessin geheiratet hatte und den Alcázar von Sevilla zu seiner Residenz machte, ließ er, nachdem ihm die ungeschickten Stuckerneuerungen vergangener Jahrhunderte aufgefallen waren, vieles von dem alten Bauerbe wieder freilegen und wiederherstellen.

Unverändert durch alle Wechselfälle der Geschichte blieb indessen der herrliche ›Kranzschmuck‹ der unvergleichlichen Gärten, in denen die Brunnen – von der Zeit unbehelligt – ihre Silberstrahlen gegen das Licht des Himmels und seinen blauen Baldachin auf- und absteigen lassen. Sie rufen das Gefühl wieder hervor, das Ibn al-Ra'-i'a zu so begeisterten Worten bewegt hatte, als er das Gedicht »Der Brunnen«[149] schrieb:

Der schöne Brunnen springt
in Himmelshöhn und schwingt
mit Silbersternenpracht
in seinen Sturz und lacht.

Das Plauderwasser eilt,
ein Schlänglein, das nicht weilt;
der Fluß fünffach verrinnt
im hellen See geschwind.

Der müde Strom verschreckt
sich auf dem Grund versteckt,
bis er die Welt erschaut,
erneut springt hell und laut

hoch über Rand und Au
ins sonnenlichte Blau.
Stolz jubelt er empor
und wölbt die Lippen vor;

die Zähne, sie erglühn;
die Zweige träumen kühn.
Die Wege mit Genuß
trinken den weißen Kuß.

Denkt man, wenn man diese Musik hört und die Bilder zur reinen Empfindung macht, nicht unvermittelt an Conrad Ferdinand Meyers »Römischen Brunnen«, bei dem auch der Strahl aufsteigt und fallend dann der Marmorschale Rund erfüllt, »die sich verschleiernd überfließt/in einer zweiten Schale Grund;/ die zweite gibt, sie wird zu reich,/der dritten wallend ihre Flut,/und jede nimmt und gibt zugleich/und strömt und ruht.«?[150]

Und klingt nicht dazu auch das wunderliche Sonett »Römische Fontäne« mit herauf, das Rainer Maria Rilke am 8. Juli 1906 in Paris geschrieben hat, und in dem vom Schalenrand des oberen Beckens sich »das Wasser, leis sich neigend zum Wasser, welches unten wartend stand«, hinab ergießt?[151]

Man möchte den Vergleich suchen und das Gleichartige des Sentiments dem verschieden gearteten Ausdruck gegenüberstellen. Doch lassen wir uns einfach von der Wortmusik der drei Gedichte anrühren, die eines das andere mittragen. Lösen wir nun den Blick von den Wasserspielen und schauen wir über die Mauerkrone des Alcázar und über ein ausgefächertes Palmenhaupt hinweg auf die schlanke Giralda, das erhaltene Minarett der Almohaden-Moschee.

»Seit den letzten Jahren des 12. Jahrhunderts«, so schreibt Torres-Balbás, »beherrscht das Minarett in seiner großartigen Massigkeit die sevillanische Ebene. Zunächst empfanden die Muslime, sehr viel später die christlichen Eroberer eine außergewöhnliche Bewunderung für die vier vergoldeten ›Äpfel‹, die in großer Höhe hinaufstrahlen, hinauf zu den Strahlen der andalusischen Sonne, den Sternen des Sternkreises vergleichbar. Man erblickt sie, so sagt die Chronik des Heiligen Königs, aus einer Entfernung von mehr als einer Tagereise!

Die Monumentalität und Schlankheit des Turmes, die Harmonie seiner Glieder, die Erlesenheit seines Ornates bleiben vor der leuchtenden Strahlenhaftigkeit der Goldäpfel fast unbeachtet, für deren Zurschaustellung das gigantische Minarett erbaut zu sein schien: prachtvolles Leuchtfeuer in das fruchtbare Meer der Ähren und Oliven des Ajarafe und der sevillanischen Niederung.«[152]

Vor der Giralda und ihrem vornehmen, über Vielpaßbogen und Spitzrauten aufsteigenden Dekor, das die wuchtigen Wände durchbrechen möchte, um sie baumhaft leicht und gewichtlos zu machen, fand auch Meier-Graefe bewundernd und mißbilligend zugleich zu der Bemerkung, daß die »infamen Balkons« die zierlichen Nischen ihrer Vorgänger brutal zerstört hätten.[153]

Beurteilt er jedoch den Alcázar als Zuckerbäckerei eines größenwahnsinnigen Monarchen, so hält ihn Ernst Kühnel für die glänzendste Leistung der Mudéjararchitektur in Spanien, »dem Peter der Grausame um 1360 . . . unter

Verwendung von Spolien aus Córdoba und Medinat az̧-Zahrā' und mit Handwerkern, die ihm Muḥammad V. aus Granada sandte, begann und den seine Nachfolger in den nächsten Jahrzehnten vollendeten.

Der ausgesprochen maurische Charakter der ganzen Anlage hat wiederholt dazu geführt, daß man in dem einen oder anderen Bestandteil Überreste des Almohadenschlosses erkennen wollte, das früher an dieser Stelle stand, oder wenigstens getreue Kopien nach demselben.

Aber das, was von diesem wirklich übrig blieb, zeigt viel strengere Formen; der Einfluß der vorangegangenen Periode beschränkt sich lediglich auf die Verwendung des gezackten Spitzbogens mit füllendem Rautengitter an der Fassade und im Mädchenhof und hat nicht einmal unbedingt lokale Färbung, da dasselbe Motiv in Marokko und in Granada ebenso heimisch war.«[154]

Noch schaut die Giralda auf die Gärten des Alcázar hinab, auf die vielen Palmen, die geheimen Oasen, die sich zu einem wundervoll durchlichteten Dach fügen. Hat daran wohl auch Juan Ramón Jiménez gedacht, als er – fast möchte man sagen, in der Tradition der maurischen Dichter – am 21. Januar 1917 schrieb:[155]

Giralda! welch eine Schönheit
bist du mir, o du Giralda – und gleich ihr
so heiter, blond und hell –,
was meine dunklen Augen sehen – ganz wie sie –,
und voller Leidenschaft.

Unsagbar herrliche Giralda,
Anmut und Geist in einem, freier Sproß
– o Palme aus geprägtem Licht!,
es scheint, als schwinge sie, zum Wind, der Himmel! –
aus dem unendlich weiten Himmelsraum,
der über dir – ja, über ihr – festhält
das reine, so unsagbar reine Dach, das Paradies.

Der Dichter hatte diesen Versen Villasandinos Worte vorangestellt, die lauten:

Schön, ohnegleichen schön,
Spaniens Reinheit und Licht.

Diese Reinheit und dieses Licht Sevillas können indessen auch verwunden, denn sie haben das Leiden einer unendlichen Sehnsucht in sich aufgenommen, in der sich mystische Hingabe mit dem Wissen verbunden hat, daß die Vernunft allein menschlich naiv zureicht. Todessehnsucht und irdische Heiterkeit existieren hier in den Menschen und ihren Werken nebeneinander.

Das muß der Andalusier Federico García Lorca hier empfunden haben, dessen Gedicht »Sevilla« die Stadt sich im Lichtschleier verlieren läßt, wenn sich – nach Norden zu – jenseits der Berge das andere, das lange nicht mehr islamische und doch so maurisch gebliebene Iberien Toledos öffnet, das einmal das wichtigste Verbindungsglied, sowohl geistig als politisch, zwischen Orient und Okzident war:[156]

Sevilla ist ein Turm
von feinen Bogen erfüllt.

Sevilla zum wunden Erwerben,
Córdoba aber zum Sterben.

Die Stadt, die entgegenharrt
den großen Rhythmen gebannt,
und die die Irrwege rollt
wie Spiralen in sich hinein;
Weinrankengirlanden gleich,
die eben die Flamme erfaßt.

Sevilla zum wunden Erwerben.

Unter dem Himmelsrund,
über ihr reines Gefild,
schießt die Saeta des Stroms
immerfort klagend dahin.

Córdoba aber zum Sterben.

Und der Klagsinn des Horizonts
mischt sich in ihren Wein;
die Bitterkeit Don Juans
und Dionisos' Vollkommenheit.

Sevilla zum wunden Erwerben.
Sevilla, stets wundes Erwerben!

Toledo! Unter einem gewitterhaften Greco-Himmel ragen die Türme der Stadt über den Tajo. Andalusien ist hier schon weit und seine Historie scheint zu zerfließen vor der Gegenwart dieser herben altkastilischen Stadt mit dem katholischen Herzen, die nach der Wiedereroberung auch die jüdische Gemeinde und die ›moriscos‹ einschloß, die ihr kulturelles Antlitz so unnachahmlich und nachhaltig geprägt haben.

Die Tore, durch die man in die Stadt eintritt, sind arabisch, und ebenso muten die engen Straßen an, die sich wie in Fez zu verknäulen scheinen, um sich auf dem kleinräumigen sūk, dem alten maurischen Marktplatz, der im nordwestlichen Teil der Stadt liegt, von Arkadenhäusern umstellt zu begegnen. Auch hier öffnen sich die Patios zum verstohlenen Hineinblick in eine eigene Welt, von der man sich als Fremder ausgeschlossen wähnen muß.

Überhaupt hat Toledo sehr viel mehr als manche andere südliche Stadt den Charakter der stillen In-sich-Gekehrtheit maghrebinischer Städte bewahrt – dem von Fez, Marrakesch, Meknez, Tetuan, Tunis, Algier, Tlemcen und

Kairuan –, wenn auch die Enge der Bergfläche nicht das unmittelbare Hereinholen der Gärten in die Architektur gestattet hat.

Doch die Patios mit ihren Blumen- und Azulejoswinkeln lassen den unerfüllten Gedanken Wirklichkeit werden, wenn man ihn in die toledanische Vega weiterdenkt, die – wie in Granada – sich stromabwärts nach Nordwesten hin ausbreitet. Hier wie in Ceuta, ist die Luft vom Duft der Minze und des Thymians erfüllt, und deren Frische harmonisiert mit dem Rauschen des Tajo und der Stille der Stadt.

In seinem reizenden kleinen Buch »Spanien« schrieb 1952 Henri Danjou: »Wenn man sich einen einzigen Tag jenseits der Pyrenäen aufhalten könnte und würde diesen einzigen Tag nur Toledo widmen, hätte man Gelegenheit, das Wesentlichste und Beste der spanischen Geschichte, ihre Größe und ihr Geschick kennenzulernen. Mehr als irgendwo haben sich in Toledo Morgenland und Abendland gegenübergestanden und durchdrungen. Zwei gegensätzliche Ströme haben dieses stolze Riff umbrandet und seit zwei Jahrtausenden die Stadt und ihre ergreifende Geschichte Stein um Stein geformt.«[157]

Und Georges Marçais stellt fest, daß es wohl Andalusien und hauptsächlich Granada seien, denen wir die Entwicklung des höfischen Mudéjar zu verdanken hätten, daß sich aber diese späte Blüte der muslimischen Kunst besonders lebhaft in der Herzmitte des kastilischen Hofs Toledos behaupten sollte, die selbst seit dem Ende des 11. Jahrhunderts nicht mehr dem Islam zugehörte.

Nicht zuletzt durch seine zentrale Lage auf der iberischen Halbinsel, so Marçais weiter, schien Toledo dazu geeignet, Bindeglied zwischen den beiden Zivilisationen, dem Islam und dem Christentum, zu werden. Durch drei Jahrhunderte hindurch sei die Stadt Herrschaftssitz der westgotischen Könige gewesen, zugleich die wohl religiöseste Metropole des Landes.

Muslimisch geworden, bewahrte sie mit dem nostalgischen Eifer, den all die Städte zeigen, die auf eine verlorene glänzende Vergangenheit zurückblicken, ein christliches Leben, das sich in seinem beträchtlichen Anteil an Mozarabern behauptete. Diese waren Tributpflichtige auf islamischem Boden und standen unter der Autorität ausgesuchter Beamter mit der Amtsmacht von Landesherren, und sie empörten sich oft und lösten damit blutige Repressionen aus.

Dennoch entwickelte Toledo sich zur gleichen Zeit zu einem aktiven iberischen Mittelpunkt des geistigen Lebens. Die Namen seiner Gelehrten füllen die biographischen Verzeichnisse.

»Das bürgerliche Leben«, so sagt Marçais, »das die Repräsentanten der beiden Religionen einander näher brachte, die Kontroversen, die diese Symbiose hervorrief, begünstigten und förderten ohne Zweifel die geistigen Aktivitäten der einen wie der anderen. Die Beschäftigung der in der Stadt angeworbenen Künstler, die in den Ateliers hinterlassenen Erinnerungen an die Westgoten, mußten sich dazu in der örtlichen Architektur niederschlagen.

Die Legende, die sich um die alte Moschee Bīb Mardūm wob, hat zumindest symbolische Bedeutung. Dieser merkwürdige islamische Gebetssaal, charakterisiert durch seine neun auf Gewölberippen ruhenden Kuppeln, sollte eine vom Islam umgebaute christliche Kirche gewesen sein.

Das erscheint zweifelhaft, doch ist es gewiß, daß die Säulen, die dort ihren Platz fanden, aus einem westgotischen Heiligtum stammen. Was allerdings den Verbund der Mauern aus Bruch- und Ziegelsteinen angeht, so ist er bereits spezifisch toledanisch.

Zum Schluß: die Geschichte der Moschee Bīb Mardūm hatte damit nicht ihr Bewenden, und ihre symbolische Bedeutung wurde noch bereichert. Als die Stadt von Alphons VI. eingenommen war, offenbarte ein Wunder die christliche Vergangenheit des muslimischen Gotteshauses, das wieder dem Glauben Jesu Christi dienen sollte, und wurde, durch einen Chor erweitert, die ›Eremitage Christo de la Luz‹.«[158]

Eins ist dabei allerdings nicht zweifelhaft: Die Säulen – in der Tat westgotisch in ihren Kapitellen und gerillten Kapitellansätzen – stehen ohne Basen im Raum, hineingepflanzt wie Palmstämme, die ihre Wurzeln nicht oberhalb des Bodens erheben, und die Gewölberippen schließen eine Nähe zu Córdoba, ja auch zu Isfahan nicht aus.

Die Hufeisenbogen allerdings können sowohl westgotisch als auch muslimisch sein. Des architektonischen Rätsels Lösung steht dahin.

Vielleicht bleibt es gänzlich ungelöst als Mysterium, das künstlerisch und auch historisch von seltenem Reiz ist ... wäre nicht da noch die Fassade, die ganz gewiß mit der sich überschneidenden Arkatur über je einer verblendeten Dreipaßtür, einer unter einem Hufeisenbogen und einer dritten, mittleren, unter einem breiten Rundbogen, an Córdoba gemahnt und ihre Gestaltung der Mitte des 10. Jahrhunderts zuschreiben läßt. Das von schmalen Friesbändern umrahmte Rautenband und das darüber stehende, gleich schmale Schriftband lassen fast wieder eine siebenfache Flächenaufteilung ahnen, die den sphärisch-koranischen Anspruch und Inhalt bestätigt.

Eine Moschee – die der Tornerías – ist erhalten. Sie befindet sich mitten im Handelszentrum der Stadt, nicht weit von der Kathedrale entfernt. Auf rektangulärer Fläche wurde sie gegen Ende des 11. Jahrhunderts auf Bogen aus Granitquadern errichtet, auf die sich Schwebekuppeln herabsenken.

Aber auch die Juden hinterließen in zwei Synagogen der Stadt ihre baulich-künstlerischen Spuren: die eine erhielt nach der jüdischen Vertreibung als christliche Kirche den Namen Santa María la Blanca, die andere – der Tránsito – war von dem mächtigen Vertrauten Peters I., Samuel Ila-Lévi, der über reiche Schätze verfügte, zwischen 1355 und 1357 erbaut worden.

In letzterer vereinen sich mudéjar-Elemente mit gotischen Schmuckgedanken, während die frühere, was ihre Wanddekoration anbelangt, ein großartiges Beispiel almohadischer Stuckkunst ist, was zumal für die Flächen über den Hufeisenbogen des Mittelschiffes gilt. Zart und in klarer Linienführung, ohne Überladung winden sich zur Bogenmitte hin sich verkleinernde, medaillonhafte Kreise, deren größte jeweils über dem Bogenzusammenfluß ein sternenhaftes Filigranwerk aufnehmen. Darüber, in einem breiten Band, erscheinen weitflächig gewebte Rautenmuster. Und die Kapitelle auf den oktogonalen Pfeilern sind von besonderer Schönheit.

Dennoch scheint es so – Torres-Balbás hat darauf hingewiesen –, daß in seltsamer Übereinstimmung mit der Kirche San Román, die 1221 konsekriert wurde, und in deren Tradition die Santa María la Blanca steht, keine wie auch immer geartete Verbindung zwischen der Backsteinstruktur der Mauern und der Pfeiler und dem Stuckornat, der sie bedeckt, zu bestehen scheint, »in der Art, als seien sie das Werk verschiedener Künstlergruppen oder der letztere etwas jünger als das Gesamtbauwerk.«[159]

Das mag auch für die durchbrochenen Zapfen und einwärts gerollten Schnecken gelten, die aus Ornamentbändern gerankt herauswachsen. Die Blendbogen über den Mittelschiffwänden stehen indessen wieder in einem architektonischen Zusammenhang zur San Román, die so deutlich die Handschrift maurischer Künstler und ihres subtilen Geistes trägt.

Was haben sie nicht alles in diesem Land vollbracht, jene Beduinen, die Muḥammad ibn 'Abd Allāh in die Welt schickte, damit sie seine koranischen Verheißungen als die einzige ›Rechtleitung‹ verkünden sollten! Heute erfüllen zu den Gebetszeiten nicht mehr die Stimmen der Muezzin al-Andalus, sondern die Glocken der christlichen Kirchen.

Wir sind im Garten der Casa Greco, jenem Haus, in dem der große Maler ganz in der Nähe der Synagoge gewohnt haben soll. Das grüne Fleckchen ist in diesen Abendstunden, in denen sich die Sonne rosen- und malvenfarbig über die Vega neigt, leer und still.

Man mag daran denken, daß dieser Domenikos Theotokópulos, den man seiner kretischen Heimat wegen den Griechen, el Greco, nannte, 1577 hierher fand, um seine von mystischem Geist und revolutionären Gedanken erfüllten

Werke zu schaffen: voller Inbrunst, voller Innerlichkeit, brennend, nicht gelassen.

Am 8. April 1614 starb er in seiner Gastheimat, die er so sehr geliebt hat. Und denkt man gar auch daran, daß seine kretische Wiege ebenfalls auf einem Boden stand, auf dem über viele Jahrzehnte – von 825 bis 961 – das Bismalāh erscholl?

Und in den bunten Wirbel des Geschauten mischt sich die Frage, wo sich einmal – man sagt, ganz nahe von hier – der prächtige Palast des dunnidischen Königs Jahja I. ibn Ismā'il al-Ma'mūn befunden hat, der mitten in den Palasträumen aus buntem Glas einen Kiosk über einem Bassin errichten ließ, über den Wasserschleier beständig hinabglitten.

Man vermeint, ihn dort sitzen zu sehen, allein, in tiefer Meditation, als er eines Abends den Sinn eines kleinen Gedichts aus unbekannter Hand erkannte und von diesem Augenblick an – er starb um 1076, wenig mehr als einen Monat nach dem Ereignis – nie mehr hierher kam. Dieses Gedichtchen hatte ihn die Flüchtigkeit des irdischen Daseins, die Kurzbemessenheit aller Dinge und Wesen angesichts des Nichts oder der Ewigkeit erkennen lassen... sagt es doch:[160]

Hättest du je für alle Ewigkeit
ein Bauwerk, so wie dies, erbaut,
da – und du weißt es wohl! – dein
Leben bald dahingeht und verflaut?

Die Schatten dieser Dornenhecken des arāk
sind doch gewiß genug für den,
der mit dem Tag, der rasch vergeht,
sieht seine Reise auch zu Ende gehn.

Zeittafel

622 Hiğra (Fortzug) Muḥammads und seiner jungen islamischen Gemeinde von Mekka nach Medina.
632 8. Juni Tod Muḥammads.
632–634 Kalif Abū Bakr; die Aufstände in Arabien werden niedergeworfen.
634 Einnahme von Damaskus.
634–644 Kalif 'Umar; große Eroberungen.
642 Sieg von Nihāwand gewährleistet die Eroberung Persiens.
644–656 Kalif 'Uṯmān.
656–661 'Alī.
661 24. Januar, Ermordung 'Alīs.
661–750 Herrschaft der Umajjaden.
711 Ṭāriq beginnt die Eroberung Spaniens.
712 Mūsa ibn Nuṣair besetzt Carmona, nimmt Sevilla und belagert Mérida. Dann führt er seine Armee nach Toledo, wo ihn Ṭāriq bereits erwartet.
713 'Abd al-Azīz, der Sohn des Mūsa, nimmt Alicante, Valencia und Lorca; auch Baza, Jaén und Elvira (Städte, in denen reiche jüdische Gemeinden waren) fallen in seine Hände.
714 Der Kalif al-Wālid I. ruft Mūsa und Ṭāriq nach Damaskus zurück. 'Abd al-Azīz bleibt Gouverneur in Spanien und residiert in Sevilla. Dort wird er ermordet.
755 'Abd ar-Raḥmān I. aus dem Hause der Umajjaden wird Emir in Spanien; Begründer der spanischen Umajjaden-Dynastie.
756 Erbauung von Rūṣāfa unweit von Córdoba.
772 Erste Erwähnung des Alcázar von Sevilla.
786 Beginn der Erbauung der Großen Moschee in Córdoba.
788 Tod von 'Abd ar-Raḥmān I.
788–796 Hišām I. Er vergrößert die Moschee und läßt die zerstörte Brücke über den Guadalquivir erneuern.
796–822 Ḥakam I.
822–852 'Abd ar-Raḥmān II. Er läßt die Straßen in Córdoba pflastern; gründet Schulen, Medressen (Hochschulen) und Krankenhäuser. Unter seiner Herrschaft erlangte Córdoba bereits den Ruf einer ›glanzvollen‹ Stadt.
852–886 Muḥammad I.
886–888 al-Munḏir ibn Muḥammad I.
888–912 'Abdallāh. Er befestigt die Städte Jaén und Lorca.
912–961 'Abd ar-Raḥmān III. Er nennt sich Kalif mit dem Namen an-Nāṣir.
918 Errichtung von Moscheen und vergoldeten Marmorbrunnen in Córdoba. Die Große Brücke wird repariert. Der Wesir Naṣr abū 'Uṯmān wird mit der Inspektion der Bauarbeiten an den königlichen Palästen und in der Stadt beauftragt.
922 'Abd ar-Raḥmān läßt in Granada eine Moschee errichten.
936 Fünf Meilen von Córdoba entfernt läßt der Kalif – unter der Bauleitung seines Sohnes al-Hakam II. – die prachtvolle Gartenstadt aẓ-Zahrā' erbauen. In der Stadt selbst entstehen der Alcázar und eine Anzahl prächtiger Paläste.
961 Tod 'Abd ar-Raḥmāns.

961–976 Ḥakam II. Gestaltung des Mihrāb und des Oratoriums der Großen Moschee. Einrichtung einer wertvollen Bibliothek.

976 Hišām II. wird Nachfolger. Doch der Ḥāǧib (Reichsverweser) al-Manṣūr führt die Regierungsgeschäfte und usurpiert die Macht. Beginn der Herrschaft der 'Amiriden.

988 Erweiterung der großen Moschee. Glänzende Blütezeit Córdobas.

1001 Tod al–Manṣūrs. Beginn der Bürgerkriege.

1008 Zerstörung von aẓ-Zahrā' durch die Scharen des Muḥammad al-Mūḏi, eines Großenkels von 'Abd ar-Raḥmān III.

1031 Teilung Spaniens in die Kleinkönigreiche Sevilla, Carmona, Málaga, Algeciras, Granada, Almería, Denia, Valencia, Zaragoza, Huesca, Lérida, Toledo, Badajoz.

1060 Tod des 'Abdalmalik, des Sohns von al-Mansūr. Das Königreich Córdoba geht in dem von Sevilla auf.

1068 Beginn der Eroberungen der Almoraviden in Afrika.

1069 Tod des al-Mu'tamid von Sevilla, unter dessen Regierung die Stadt einen glanzvollen Aufstieg nahm.

1085 Alfons VI., König von León und Kastilien, erobert Toledo.

1086 Jūsuf ibn Tāšfīn herrscht mit seinen Almoraviden in Spanien.

1118 Alfons von Aragonien nimmt Saragossa.

1122 Die Almohaden kämpfen gegen die Vorherrschaft der Almoraviden in Afrika und Spanien.

1148 Die Almohaden beherrschen das Maghrib und Spanien. Bau eindrucksvoller Paläste und Moscheen in Fez. Blüte von Literatur und Kunst in Spanien.

1172 Bau einer Moschee in Sevilla.

1195 Unter Jaqūb al-Manṣūr Bau der Großen Moschee und der Giralda.

1198 Abschluß des Baus der Moschee und der Giralda in Sevilla.

1199 Tod von Jaqūb al-Manṣūr. Ihm folgt sein Sohn Muḥammad.

1212 Schlacht bei Navas de Tolosa. Die Muslime unterliegen.

1226 Beendigung des Baus des Alcázar von Malaga.

1243 Ferdinand von Kastilien erobert Jaén. Muḥammad ibn Alhamar wird Vasall des christlichen Königs.

1248 Sevilla wird von der Reconquista genommen. Muḥammad I. beginnt in Granada mit dem Bau der Alhambra.

1279 Muḥammad II. setzt den Bau der Alhambra fort.

1302 Auf Muḥammad folgt in Granada sein Sohn Muḥammad III. (Abū 'abd-Allāh).

1333 Jūsuf abū ibn al-Ḥaǧǧaǧ besteigt in Granada den Thron. Er führt die Arbeiten an der Alhambra fort.

1354 Jūsuf wird beim Gebet ermordet. Sein Sohn Muḥammad V. folgt ihm. Er vollendet den Bau der Alhambra.

1487 Einnahme von Malaga durch die christlichen Könige.

1489 Die Christen erobern Baza, Guadix und Almería.

1492 Ferdinand und Isabella, die ›Katholischen Könige‹, erobern Granada. Der letzte maurische König Abū 'abd-Allāh (Boabdil), genannt ›el chico‹, verläßt Spanien.

1606–1610 Vertreibung aller Mauren aus Spanien.

Anmerkungen

1 Tilman Nagel: Der Koran, Einführung, Texte, Erläuterungen. München 1983, S. 15

2 Saijid Mahmud Tāliqānī: Einleitung zur Neuausgabe der Schrift von M. H. Nāīnī, Tanbīh al-umma wa-tanzīh al-milla, o. O. 1374/1955; vgl. auch Tilman Nagel: Der Koran. a. a. O. S. 8

3 Muḥammad ibn 'Abd Allāh: Der Koran, Sure 3 ›Die Sippe 'Imrāns‹, 14/15; allen Übersetzungen in diesem Buch liegt eine türkische Ausgabe des Koran, Bozkurt Kitabevi, Istanbul o. J., zugrunde; zum Vergleich wurden herangezogen Rudi Paret: Der Koran, Übersetzung, Kommentar und Konkordanz. Stuttgart 1980, und Mahoma: El Korán, Edición, prólogo y notas de Juan B. Bergua, Septima Edición. Madrid o. J.

4 Al-Bakrī in Analekten, I, 82; vgl. Henri Pérès: La Poésie Andalouse en Arabe Classique au XIe Siècle – Ses Aspects Généreaux et sa Valeur Documentaire, Paris 1937, S. 116; dazu al-Bakrī in al-Maqqarī, Nafḥ aṭ-ṭīb, und Dugat: Introduction aux Analectes, I, XXVIII-XXIX. Leiden 1855.

5 Reinhart Dozy: Histoire des Musulmans d'Espagne, jusqu'à la Conquète de l'Andalousie par les Almoravides (711–1110), Nouvelle Edition revue et mise à jour, par E. Lévi-Provençal, Tome I. Leyde 1932

6 Dozy: a. a. O., S. 3f.

7 Dozy: a. a. O., S. 6

8 Dozy: unter Berufung auf Caussin de Perceval, der sich seinerseits auf Abū 'l-Farağ al-Isbahāni: Kitāb al-Aġānī, t. XVI, p. 103, stützt, S. Dozy S. 6

9 Dozy: a. a. O., S. 6

10 Dozy: a. a. O., S. 6f.

11 Dozy: a. a. O., S. 7f.

12 Dozy: ibid.

13 Muḥammad ibn 'Abd Allāh, a. a. O., Sure 52, ›Der Berg‹, 17–28

14 Dozy: a. a. O., S. 9

15 Dozy: a. a. O., S. 8f.

16 Dozy: a. a. O., S. 10

17 Ibn Ḫafāğa: Dīwān. ed. Būlāq, 72

18 s. al-Maqqarī: Anal., I, 451–452

19 Al. Gayet: L'Art Arabe. Paris 1893, Préface, S. 6

20 Gayet: a. a. O., S. 7

21 Gayet: ibid., S. 7

22 Gayet: ibid., S. 8

23 Gayet: ibid., S. 8

24 Titus Burckhardt: Die maurische Kultur in Spanien. München, 2. überarbeitete Auflage, 1980, S. 7

25 Muḥammad ibn 'Abd Allāh: Sure 13 ›Der Donner‹, 2–4

26 Vgl. Jacques Monod: Zufall und Notwendigkeit – Philosophische Fragen der modernen Biologie. München, 3. Auflage, 1971; dazu als christliche Erwiderung: Marc Oraison: Zufall und Leben – Hat die Biologie das letzte Wort? Frankfurt/Main, 1972

27 Xavier de Planhol: Kulturgeographische Grundlagen der islamischen Geschichte, in: Bibliothek des Morgenlandes. Zürich und München 1975

28 M. Tāliqānī: Einleitung zur Schrift von M. H. Nāīnī, Tanbīh al-umma wa-tanzīh al-milla. o. O., 1374/1955; s. Nagel: a. a. O., Einführung, S. 10; dazu T. J. de Boer: Geschichte der Philosophie im Islam. Stuttgart 1901, S. 26ff. über den Neuplatonismus. S. auch Helmut Gätje: Koran und Koranexegese, in: Bibliothek des Morgenlandes. Zürich und München 1971, die Kapitel ›Die Offenbarung‹, S. 67ff. und ›Mohammed‹, S. 97 bis 126

29 Hans Roselieb: Spanische Wanderungen. Berlin 1926, S. 35

30 R. Dozy et M. J. de Boer: Description de l'Afrique et de l'Espagne par Edrīsī (Abu 'Abdallāh Muḥammad ibn Muḥammad aš-Šarīf Idrīsī), Texte Arabe publié pour la première fois d'après les man., de Paris et d'Oxford avec une traduction, des notes et un glossaire, par... Leiden 1968, nach der Ausgabe von 1866; Indroduction S. III

31 Idrīsī: a. a. O., S. 199f.

32 Idrīsī: a. a. O., S. 201

33 Ibn Hamdīs: Dīwān, Il Canzoniere, ed. von Schiaparelli. Rom 1897; al-Maqqarī: Anal., II, 617; vgl. Pérès: a. a. O., S. 212

34 as-Safadī, Nakt al-himjān fī nukat al-'umjān, hrsg. A. Zakī. Kairo 1911, S. 214

35 Roselieb: a. a. O., S. 315

36 Roselieb: a. a. O., S. 319

37 Ibn Jobair (ibn Ğubair): Voyages, Traduits et annotés, par Maurice Gaudefroy-Demombynes, 1. Teil. Paris 1949, S. 33

38 Ibn Ḫafāğa: Kairo 1286 H., S. 27; aḏ-Ḏahīra, III (Gotha), 156; an-Nuwairī, Nihāja, I, p. 217–218; vgl. Pérès: a. a. O., 159f.

39 Pérès: a. a. O., S. 159

40 Pérès: ibid.

41 Pérès: a. a. O., S. 160; Ibn al-Ḫaṭīb, al-Iḥāta, Kairo, II, 117

42 Pérès: ibid.

43 Xavier de Planhol: a. a. O., S. 324

44 Pérès: a. a. O., S. 115

45 Pérès: a. a. O., S. 167ff.

46 aṭ-Ṭignarī: Zahr al bustān wa-nuzhat al-aḏhān, Ms. der Section sociologogique de la Direction des Affaires indigènes au Maroc

47 Vgl. Pérès: a. a. O., S. 189

48 Vgl. E. Lévi-Provençal: Histoire de l'Espagne Musulmane, Tome III. Paris 1953, 289ff.

49 Vgl. Xavier de Planhol: a. a. O., S. 325

50 Ibn Ḫafāğa, in: Maqqarī, Anal. I, 452; II, 136 (hinsichtlich Strophe 7)

51 Pérès: a. a. O., S. 166

52 de Planhol: a. a. O., S. 17f. gestützt auf Muqaddimā, übersetzt von Slane, I, 177–183; II, 386–391

53 Lévi-Provençal: a. a. O., III, S. 293ff.

54 de Planhol: a. a. O., S. 17

55 Gustav Edmund von Grunebaum, in: Weltgeschichte – eine Universalgeschichte, hrsg. Golo Mann und August Nitschke. Gütersloh 1979, Bd. V, Der Islam, S. 70; die gleiche Arbeit erschien unter dem Titel ›Der Islam in seiner klassischen Epoche‹ in der Bibliothek des Morgenlandes. Zürich und Stuttgart 1966; die Stelle dort: S. 84

56 de Planhol: a. a. O., S. 325

57 Vgl. Rolf Blaeser: Baskische Elegie und Baskische Ode. Wuppertal 1953, in ›Die Fahrt‹, S. 163–166

58 Ibn Ḫaldūn 'Abd ar-Raḥmān, muqaddimā; vgl. Arabische Literaturgeschichte, in: Bibliothek des Morgenlandes. Zürich und Stuttgart 1968; dargestellt von Hamilton A. R. Gibb und Jacob M. Landau, S. 181

59 Claudio Sánchez-Albornoz: La España Musulmana, Vorw. zur 4. Aufl., Madrid 1974, S. 11

60 Aḫbār maǧmū'a, übers. von Lafuente Alcántara, S. 18; Sánchez-Albornoz, Bd. 1, S. 47
61 Sánchez-Albornoz: a. a. O., S. 47
62 Sánchez-Albornoz: a. a. O., S. 49
63 Seudo Ben Qutaiba, übers. Ribera, Imāmat wa-l-Siasāt, 109; vgl. Sánchez-Albornoz: a. a. O., S. 64
64 Sánchez-Albornoz: a. a. O., S. 49
65 Sánchez-Albornoz: a. a. O., S. 52
66 Sánchez-Albornoz: a. a. O., S. 66
67 Sánchez-Albornoz: a. a. O., S. 74
68 Sánchez-Albornoz: a. a. O., S. 84
69 Sánchez-Albornoz: ibid. S. 85
70 G. E. von Grunebaum: Der Islam in seiner klassischen Epoche, Zürich 1966, S. 89; dazu Sánchez-Albornoz: a. a. O., S. 120
71 Vgl. Einhard: Vita Caroli Magni, übertragen von O. Abel und W. Wattenbach. Nürnberg 1965; Friedrich Heer: Karl der Große und seine Welt. Wien und München, 1977, S. 117f., und Lebensvoller Geschichtsunterricht, Ansbach 1910, Heft 2, S. 179f.
72 Aḫbār maǧmū'a (1867), übers. Lafuente Alcántara; Sánchez-Albornoz: a. a. O., S. 141
73 Marguerite van Berchem: Ḳuṣeir 'Amra, Journal des Savants, 1909, S. 303–309 und 363–372; vgl. Jean Sauvaget: Chateaux Umayyades en Syrie, Revue des Etudes Islamiques, XXXV. 1967, S. 6
74 H. Lammens: La 'bādia' et la 'hīra' sous les Omayyades: le problème de Mšattā, in: Mélanges de la Faculté Orientale de Beyrouth, IV, 1910, S. 91f.; s. dazu Sauvaget: a. a. O., S. 6ff.
75 Ibn 'Iḏāri: Bajān, II, 73, 96, 110, 130, 152, 186, 198, 259, 385, 419; dazu Sánchez-Albornoz: a. a. O., S. 139f.
76 von Grunebaum: a. a. O., S. 117; in: Der Islam in seiner klassischen Epoche, a. a. O., S. 169
77 von Grunebaum: ibid.
78 Aḫbār maǧmū'a: a. a. O., 133 und 141; vgl. Sánchez-Albornoz: a. a. O., I, S. 144
79 al-Maqqarī: Anal.; engl. Übers. P. Gayangos, I, S. 202
80 al-Maqqarī: ibid.
81 Rodrigo Amador de los Rios y Villalta: La Mezquita-Alhama de Córdoba, in: Museo Español de Antigüedades. ed. Don José Gil Dorregaray, Bd. V. Madrid 1875, S. 291
82 Ambrosio Jaén: Historia de la Ciudad de Córdoba. Madrid 1935, S. 14f.
83 Georges Marçais: L'Architecture Musulmane d'Occident – Tunesie, Algérie, Maroc, Espagne et Sicile. Paris 1954, S. 160
84 Eine Spanne beträgt 25 cm
85 Eine Elle beträgt zwischen 0,5 und 0,8 m
86 Idrīsī: a. a. O., S. 262f.
87 Ambrosio de Morales: Los Antigüedades de los Ciudades de España. Madrid 1792, S. 6f.
88 'Abd ar-Raḥmān an-Nāsir, in: Maqqarī, Analekten, I, 342; vgl. Simonet: El Signo de Oro de la Literatura Arabo-Española. Granada 1867, S. 18
89 Vicente Aleixandre: A los fundadores de 'Cántico' 1948, in: Obras Completas, Edición Premio Nobel. Madrid 1978, Bd. 2 (Prosa), S. 714f.
90 Heinrich Schmidt: Philosophisches Wörterbuch. Leipzig 1931, S. 100
91 Luis María Cabello y Lapiedra: Excursión por la España Árabe, in: Boletín de la Sociedad Española de Excursiones. Madrid Agosto–Octubre 1899, Año VII, Núms. 78–80, S. 132f.
92 Ernst Kühnel: Die Moschee – Bedeutung, Einrichtung und kunsthistorische Entwicklung der islamischen Kultstätte. Berlin-Wilmersdorf 1947, S. 15
93 al-Mustazhir, in: Ibn Sa'id ›Die Fahnen der Helden und die Standarten der Edlen‹, ed. García Gómez. Madrid 1942; vgl. A. J. Arberry: Moorish Poetry. Cambridge, At the University Press, 1953, S. 53
94 José Caveda: Geschichte der Baukunst in Spanien. Stuttgart 1858, S. 89
95 Caveda: a. a. O., S. 95
96 Marçais: a. a. O., S. 137
97 Stefano Bianca: Architektur und Lebensform im islamischen Stadtwesen. Zürich, 2. Auflage, 1979, S. 127
98 Bianca: a. a. O., S. 13
99 Ernst Kühnel: Die Kunst des Islam. Stuttgart 1962, S. 22
100 Marçais: a. a. O., S. 147
101 E. Lévi-Provençal: a. a. O., I, S. 136
102 Eine Dissertation von Gisela Everhartz ›Die Mezquita von Córdoba unter dem Einfluß der Bauphilosophie der spanischen Umajjaden‹ befaßt sich derzeitig an der Rheinisch-Westfälischen Technischen Hochschule, Aachen, unter Leitung von Prof. Dr. Albrecht Mann im Zusammenhang mit der Baugeschichte der Großen Moschee mit dieser Problematik
103 Ibn al-Athīr, ed. Tornberg, VI, S. 77; Ibn Iḏarī: Bajān, II, S. 62; al-Maqqarī: Analekten, II, S. 37; vgl. Marçais: a. a. O., S. 131; Lévi-Provençal: a. a. O., I, 135, Henri Pérès: Le palmier en Espagne musulmane. Notes d'après les textes arabes, in: Mélanges Gaudefroy-Demombynes. Kairo 1937, S. 226–229
104 Julius Meier-Graefe: Spanische Reise. Berlin 1922, S. 111
105 Meier-Graefe; ibid., S. 193
106 Emile Male: La mosquée de Cordoue et les églises de l'Auvergne et du Velay, in: La Revue de l'art ancien et moderne. Paris 1911, S. 82
107 D. Enrique Gil y Carrasco: Obras Completas, in: Biblioteca de Autores Españoles desde la formación de lenguaje hasta nuestros días, ed. D. Jorge Campos. Madrid 1954, S. 48ff.
108 Idrīsī: a. a. O., S. 258; die Zahl schwankt zwischen 1400 bei einigen arabischen Autoren und 850 bis 900 bei Labode, von Schack u. a.; vgl. Fußnote von Dozy und de Goeje: a. a. O., S. 258
109 etwa 8,25 m
110 ein Klafter beträgt etwa 1,7 m
111 Idrīsī: a. a. O., S. 257–260
112 Marçais: L'Architecture Musulmane d'Occident, S. 139f.
113 Ernst Kühnel: Die Arabeske. Wiesbaden 1949, S. 9f.
114 al-Dabbi: Bugja, in: Biblioteca Arabico-Hispana, Codera y Ribera III, biogr. 1343
115 al-Maqqarī: Analekten II, 398
116 A. R. Nykl: El Cancionero de Aben Guzmán (Ibn Quzmán). Madrid-Granada 1933, S. XXI
117 Aben Guzmán: Dāb na'sāq-ki Lalīmah nuǧajmāh!, in: Nykl, a. a. O., S. 24
118 Ibn Šuhaid, in: Ibn al-Ḫatīb, Kitāb A'māl al-a'lām, S. 122–123; vgl. auch Wilhelm Hoenerbach: Islamische Geschichte Spaniens, Übersetzung der A'māl al-a'lām, in: Bibliothek des Morgenlandes. Zürich 1970, 223ff.
119 Georges Marçais: Les Jardins de l'Islam, in: Mélanges d'histoire et d'archéologie de l'Occident Musulman. Algier 1957, S. 233
120 Marçais: ibid., S. 238
121 Marçais: ibid.
122 Francisco Prieto-Moreno, Los Jardines de Granada. Madrid 1973, S. 25
123 Washington Irving: The Tales of the Alhambra, 1832; The conquest of Granada, 1829
124 Leopoldo Torres Balbás: Arte Almohade, Arte Nazarí, Arte Mudéjar, in: Ars Hispaniae – Historia Universal del Arte Hispánico, Bd. IV. Madrid 1949, S. 73
125 Angel Ganivet: Obras Completas, Bd. II. Madrid 1962, S. 708f.
126 Torres Balbás: a. a. O., S. 74
127 Abdelkébir Khatibi/Mohammed Sijelmassi: Die Kunst der islamischen Kalligrafie. Köln 1977, S. 83f.; vgl. dazu auch Abdulghafur Sabuni: Einführung in die Arabistik. Hamburg 1981, S. 48ff.

128 Elie Lambert: L'Alhambra de Grenade, in: La Revue de l'art ancien et moderne. Paris 1933, S. 148

129 Manfred Hausmann: Die Welt unter den Planeten, in: Das Kunstwerk, I, 1946/47, Heft 4, S. 35f.

130 P. Cabanelas Al-Andalus: Revista de las Escuelas de estudios árabés de Madrid y Granada, 35, 1970, S. 423ff.

131 Ernst Kühnel: Maurische Kunst. Berlin 1924, S. 22f.

132 al-Maqqarī: Anal., IV, 303–309; vgl. dazu García Gómez: Cinco Poetas Musulmanes. Madrid 1944, 267–269

133 Prieto-Moreno: a. a. O., S. 74

134 al-Maqqarī: Anal., IV, 303–309; vgl. E. Lafuente Alcántara: Inscripciones árabes de Granada. Madrid, 1859; s. dazu auch Prieto-Moreno: a. a. O., S. 70

135 Ibn Sa'id al-Andalusi: Die Fahnen der Helden und die Standarten der Edlen, ed. García Gómez. Madrid 1942; s. auch A. J. Arberry: Moorish Poetry. Cambridge 1953, S. 153

136 Prieto-Moreno: a. a. O., S. 125f. und 137f.

137 Ibn Sa'id: a. a. O., S. 53

138 Federico García Lorca: Obras Completas. Madrid 1955, S. 1475ff.

139 E. Lévi-Provençal: Histoire de l'Espagne Musulmane. Paris 1953, Bd. III, S. 335f.

140 Roselieb: a. a. O., S. 285

141 Alfonso Lowe: Spanischer Süden. München 1972, S. 104

142 Auguste Rodin: Les Cathédrales de France. Paris 1950, S. 160–178

143 Ibn Ḥiṣm in aḏ-Ḏahīra, II, 34; Anal., II, 181; Ibn al-Ḫatīb, in A'māl, S. 170, schreibt diese Verse im Zusammenhang mit Córdoba einem unbekannten Autor zu.

144 Pérès: a. a. O., S. 134

145 al-Mu'tamid, in Ibn Sa'id: Die Fahnen der Helden; Arberry, a. a. O., S. 1

146 al-Marākušī ('Abd al-Wāhid), al-Mu'ğib fi talḫīṣ ta'rīḫ al-Maġrib, hrsg. Dozy. Leiden, 2. Aufl. 1881; übers. Fagnan: Histoire des Almohades, in: Revue africaine, 1891–1893. Hier Textseite 87 in der Ausgabe Caire, 1906, S. 78

147 Torres-Balbás: a. a. O., S. 30

148 Marçais: L'Architecture, S. 361

149 Aus Ibn Sa'id: a. a. O., S. 20

150 Conrad Ferdinand Meyer: Werke. Berlin 1983, S. 34

151 Rainer Maria Rilke: Sämtliche Werke, Bd. 1. Frankfurt 1982, S. 529

152 Torres-Balbás: a. a. O., S. 24

153 Meier-Graefe: a. a. O., S. 115

154 Kühnel: Maurische Kunst, S. 53f.

155 Juan Ramón Jiménez: Libros de Poesía, Edición Premio Nobel 1956. Madrid 1959, Bd. I, S. 217

156 Federico García Lorca: a. a. O., S. 236f.

157 Henri Danjou: Espagne. Paris 1952, S. 163

158 Marçais: L'Architecture, S. 363f.

159 Torres-Balbás: a. a. O., S. 43

160 al-Maqqarī: Anal. I, 347; Ibn Badrūn, Šarḥ Qaṣīdat Ibn Abdūn, ed. Dozy. Leiden 1846, S. 278; vgl. Pérès: a. a. O., S. 151

Literatur

Bei dem folgenden Literaturverzeichnis wird lediglich eine Auswahl der Vielzahl von zumal in den vergangenen zehn bis fünfzehn Jahren zusätzlich erschienenen Werken zur maurischen Kunst in Spanien gegeben. Der Forscher oder auch Laie, der sich eingehender mit Granada befassen will, sei auf die »Cuadernos de la Alhambra« verwiesen, die bisher in zwanzig Folgen erschienen sind.

Berchem van, Marguerite: Ḳuṣeir 'Amra, Journal des Savants. 1909

Bergua, Juan B.: Mahoma – El Korán – Edición, prólogo y notas de, Septima Edición. Madrid o. J.

Bianca, Stefano: Architektur und Lebensform im islamischen Stadtwesen, 2. Auflage. Zürich 1979

Blaeser, Rolf: Baskische Elegie/Baskische Ode, Die Fahrt, 6. Jahrgang, Heft 5. Wuppertal 1953

Boer de, T. J.: Geschichte der Philosophie im Islam. Stuttgart 1901

Brockelmann, Carl: Geschichte der islamischen Völker und Staaten, 2. Auflage. München und Berlin 1943

Brockelmann, Carl: Geschichte der arabischen Literatur, in: Handbuch der Orientalistik, 3. Band. Leiden 1954

Burckhardt, Titus: Die maurische Kultur in Spanien, 2. Auflage. München 1980

Cabello y Lapiedra, Luis María: Excursión por la España Árabe, in: Boletín de la Sociedad Española de Excursiones, Año VII, Núms. 78–80. Madrid 1899

Caveda, José: Geschichte der Baukunst in Spanien; aus dem Spanischen übersetzt von Paul Heyse. Stuttgart 1858

Contreras, Rafael D.: Granada, Sevilla y Córdoba por los tres monumentos principales La Alhambra, El Alcázar y La Gran Mezquita. Granada 1875

Crespi, Gabriele: Gli Arabi in Europa. Mailand 1979

Creswell, K. A. C., Early Muslim Architecture, 2 Bände. Oxford 1932–1940

ad-Ḏahirat as-sanijja (Der wundervolle Schatz), Anonyme Chronik der Meriniden; arabischer Text herausgegeben von M. Ben Cheneb. Algier 1339/1920–21

Danjou, Henri und Merlin, Olivier: Espagne. Paris 1952

Dozy, Reinhart: Histoire des Musulmans d'Espagne jusqu'à la conquête de l'Andalousie par les Almoravides (711–1110), Nouvelle édition revue et mise à jour par E. Lévi-Provençal, 3 Bände. Leiden 1932

Edrīsī (al-Idrīsī): Description de l'Afrique et de l'Espagne; Texte arabe publié pour la premier fois d'après les man, de Paris et d'Oxford avec une traduction, des notes et un glossaire par R. Dozy et M. J. de Goeje, Neudruck. Leiden 1968

al-Ġāḥiẓ: al-Bajān wa-t-tajīn, ed. as-Sandūbī. Kairo 1927

Gabrieli, Francesco: Der Islam in der Mittelmeerwelt, in: Das Vermächtnis des Islam, Band 1. Zürich und München 1980

Ganivet, Angel: Obras Completas, Prólogo de Melchor Fernandez Almagro, Band 2. Madrid 1962

García Gómez, Emilio: Cinco Poetas Musulmanes. Madrid 1944

García Lorca, Federico: Obras Completas, Recopilación y notas de Arturo del Hoyo; Prólogo de Jorge Gullén, Epílogo de Vicente Aleixandre. Madrid 1955

Gayet, Al.: L'Art Arabe. Paris 1893

Gätje, Helmut: Koran und Koranexegese, in: Bibliothek des Morgenlandes. Zürich und Stuttgart 1971

Gibb, Hamilton A. R. und Landau, Jacob M.: Arabische Literaturgeschichte, in: Bibliothek des Morgenlandes. Zürich und Stuttgart 1968

Gil y Carrasco, Enrique: Obras Completas, in: Biblioteca de Autores Españoles desde la formación del lenguaje hasta nuestros dias; Edición, prólogo y notas de Jorge Campos. Madrid 1954

Goldziher, Ignaz: Die islamische und jüdische Philosophie, in: Die Kultur der Gegenwart, Hrsg. Paul Hinneberg. Berlin und Leipzig 1906

Grunebaum, Edmund von: Der Islam in seiner klassischen Epoche, in: Bibliothek des Morgenlandes. Zürich und Stuttgart 1966

Grunebaum, Edmund von: Studien zum Kulturbild und Selbstverständnis des Islams. Zürich und Stuttgart 1969

Hoenerbach, Wilhelm: Islamische Geschichte Spaniens, dargestellt auf Grund der A'māl al-A'lām und ergänzender Schriften, in: Bibliothek des Morgenlandes. Zürich und Stuttgart 1970

Ibn Ḫafağa: Dīwān. Kairo 1286 H

Ibn Ḫaldūn: Kitāb al-'Ibar wa-dīwān al-mubtada' wa-l-habar fī ajjām al-'Arab wa-l-'Ağam wa-l-Barbar wa-man 'āhadahum min ḏawī as-sultān al-akbar, Būlāq, 1284, 7 Bände, (Geschichte der Berber); Auszüge davon in de Slane: Histoire des Berbères. Paris 1847–1851

Ibn Ḫaldūn, al-Muqaddima: les Prolégomènes, arabischer Text von Quatremère, in: Notices et Extraits, vol. 16-17-18. Paris 1858–1868; ed. Beirut 1900

Ibn al-Ḫaṭīb: A'māl al-a'lām fīman buji'a qabl al-ihtilām min mulūk al-islām wa-mā jağurr ḏalik min šuğun al-kalām, Ms. der Bibliothèque nationale d'Alger, Nr. 1617; Histoire de l'Espagne musulmane, Auszug aus Kitāb a'māl al-A'lām, arabischer Text mit Einführung und Index von E. Lévi-Provençal. Rabat 1934

Ibn 'Iḏarī: al-Bajān al-muġrib fī aḫbār al-Maġrib, Bde. I–II, arabischer Text von Dozy. Leiden 1848–1851; französische Übersetzung von Fagnan. Algier 1901–1904

Jaén, Antonio: Historia de la Ciudad de Córdoba. Madrid 1935

Jobair ibn (Ibn Ğubair): Riḥla (Reisen), hrsg. de Goeje. Leiden 1907; Voyages, traduits et annotés par Maurice Gaudefroy-Demombynes. Paris 1949 und 1953

Khatibi, Abdelkébir und Sijelmassi, Mohammed, Die Kunst der islamischen Kalligrafie. Köln 1977

Kuhn, Albert: Allgemeine Kunstgeschichte, 6 Bde. New York, Cincinnati, Chicago, 1909

Kühnel, Ernst: Die Arabeske. Wiesbaden 1949

Kühnel, Ernst: Maurische Kunst, in: Die Kunst des Ostens, Hrsg. William Cohn. Berlin 1924

Kühnel, Ernst: Die Kunst des Islam. Stuttgart 1962

Kühnel, Ernst: Die Moschee. Bedeutung, Einrichtung und kunsthistorische Entwicklung der islamischen Kultstätte. Berlin-Wilmersdorf, 1949

Lafuente y Alcántara: (E.) V. Aḫbār Mağmū'a. o. J., o. O.

Lambert, Élie: L'Alhambra de Grenade, in: La Revue de l'art ancien et moderne. Paris 1933

Lévi-Provençal, E.: Histoire de l'Espagne Musulmane, 3 Bde. Paris 1953

Lowe, Alfonso: Spaniens Süden. München 1978

Male, Émile: La Mosquée de Cordoue et les Églises de l'Auvergne et du Velay, in: La Revue de l'art ancien et moderne. Paris 1911

al-Maqqarī: Nafḥ aṭ-ṭīb min ġusn al-Andalus ar-raṭīb wa ḏikr wazīrihā Lisān ad-Dīn Ibn al-Ḫaṭīb, Būlāq, 1279/1862. Kairo 1884, 4 Bde.; Analekten

al-Marrākušī, 'Abd al-Wāḥid: al-Mu'ğib fī tal-

ḫīs ta'rīḫ al-Maġrib, arabischer Text von Dozy. Leiden, 2. Auflage, 1881
Marçais, Georges: L'Architecture Musulmane d'Occident – Tunisie, Algérie, Maroc, Espagne et Sicile. Paris 1954
Marçais, Georges: Les Jardins de l'Islam, in: Mélanges d'histoire et d'archéologie de l'occident Musulman. Algier 1957
Meier-Graefe, Julius: Spanische Reise. Berlin 1923
Meyer, Conrad Ferdinand: Werke, 4. Auflage. Berlin 1983
Morales de, Ambrosio: Las Antigüedades de las Ciudades de España. Madrid 1742
Muḥammad ibn 'Abd Allāh: Qurān, Bozkurt Kitapevi. Istanbul o. J.
Nagel, Tilman: Der Koran. Einführung, Texte, Erläuterungen. München 1983
Nagel, Tilman: Staat und Glaubensgemeinschaft im Islam, 2 Bde., in: Bibliothek des Morgenlandes. Zürich und München 1981
Neumann, W. A.: Die Grundidee des Moscheenbaues, in: Zeitschrift des Österreichischen Ingenieur- und Architekten-Vereins. Wien 1882
Paret, Rudi: Der Koran. Übersetzung mit Kommentar und Konkordanz. Stuttgart 1980
Paret, Rudi: Symbolik des Islam. Stuttgart 1958
Pellat, Charles: Arabische Geisteswelt, in: Bibliothek des Morgenlandes. Zürich und Stuttgart 1967
Pérès, Henri: La Poésie Andalouse en Arabe Classique au XIe siècle, Ses Aspects généraux et sa valeur documentaire. Paris 1937
Planhol de, Xavier: Kulturgeographische Grundlagen der islamischen Geschichte, in: Bibliothek des Morgenlandes. Zürich und München 1975
Prangey de, Girault: Essai sur l'Architecture des Arabes et des Mores en Espagne, en Sicile, et en Barbarie. Paris 1841
Prieto-Moreno, Francisco: Los Jardines de Granada. Madrid 1973
Renz, Alfred: Geschichte und Stätten des Islam. München 1977
Rilke, Rainer Maria: Sämtliche Werke. Frankfurt am Main 1955
Rios y Villalta, Rodrigo Amador: Inscripciones Árabes de Córdoba, Precedidas de un estudio histórico-crítico de la Mezquita-Alhama. Madrid 1880
Roselieb, Hans: Spanische Wanderungen. Mit einer Einführung von Prof. Dr. Helmolt. Berlin 1926
Sabuni, Abdulghafur: Einführung in die Arabistik. Hamburg 1981
Sánchez-Albornoz, Claudio: La España Musulmana, 2 Bände, 4. Auflage. Madrid 1982
Sauvaget, Jean: Chateaux Umayyades de Syrie, in: Revue des Études Islamiques, XXXV. Paris 1967
Sa'id Ibn: Die Fahnen der Helden und die Standarten der Edlen, eine Anthologie, gesammelt 1243 von . . .; Englisch in A. J. Arberry: Moorish Poetry. Cambridge 1953
Simonet, F. J.: Descripción del reino de Granada bajo la dominación de los Naseritas sacada de los autores arabes, y seguida del texto inédito de Mohammed Ibn Aljatib. Madrid 1861
Sourdel-Thomine, Janine und Spuler, Bertold: Die Kunst des Islam, in: Propyläen Kunstgeschichte, Bd. IV. Berlin 1984
Vogt-Göknil, Ulya: Die Moschee – Grundformen sakraler Baukunst. Zürich 1978

DANK

Daß die Aufnahmen zu unserm Buch »Andalusien« entstehen konnten, verdanken wir der großen Hilfsbereitschaft von Don Francisco Sánchez Roldán, Gerente del Patronato de la Alhambra y Generalife. Darüber hinaus hat er uns in Andalusien die Wege geebnet und stand uns freundschaftlich in jeder Schwierigkeit zur Seite. Dies gilt auch für Don Antonio Gallego Morell, Direktor de la Universidad y Patronato de la Alhambra, Granada. Ohne seine großzügige Erlaubnis wären die Aufnahmen nicht möglich gewesen.

Im Museo Nacional de Arte Hispano-Musulman de la Alhambra konnten wir maurische Kunstwerke photographieren; dafür danken wir vielmals dem Direktor Don Jesús Bermudez Pareja.

Unsern ganz besonderen Dank möchten wir auch Frau Christiane Kugel in Madrid aussprechen, die uns im Anfang bei sprachlichen Schwierigkeiten zur Seite stand, auch manchen sehr guten Hinweis gab und sich jahrelang bemühte, uns eine Genehmigung für den Palacio des Marques de Viana in Córdoba zu erwirken, der zu dieser Zeit noch in privatem Besitz war. Durch Frau Kugel konnten wir in der Sammlung Instituto Valencia de Don Juan in Madrid maurische Kunst photographieren sowie die Kathedrale von Toledo.

Dem Bischof von Córdoba, Don José Antonio Infante, danken wir das große Erlebnis, daß wir in der Mesquita de Córdoba photographieren durften.

Eine besondere Freude war es für uns, im Palacio de Viana in Córdoba einige der 13 Patios zu photographieren. Dies wurde uns ermöglicht durch das freundschaftliche Entgegenkommen von Don Joaquin Gisbert Navarro, Director General de la Caja Provincial de Ahorras de Córdoba.

In Sevilla hatten wir die vollste Unterstützung durch den Direktor des Alcázar, Don Raphael Manzano Martos, dem wir sehr herzlich danken möchten.

Eingeführt in die Alhambra hat uns der Deutsche Konsul in Granada, Herr Reynaldo Horwitz Karger; ihm verdanken wir außerdem manchen guten Rat. Ausgestattet mit freundlichen Empfehlungen des Consejero Cultural Don J. A. San Gil fuhren wir nach Andalusien. So gilt unser besonderer Dank ihm und Frau Margret Lehmhaus von der Königlich Spanischen Botschaft in Bonn. Frau Lehmhaus gab uns manche wertvolle Hilfe für sechs Reisen nach Andalusien.

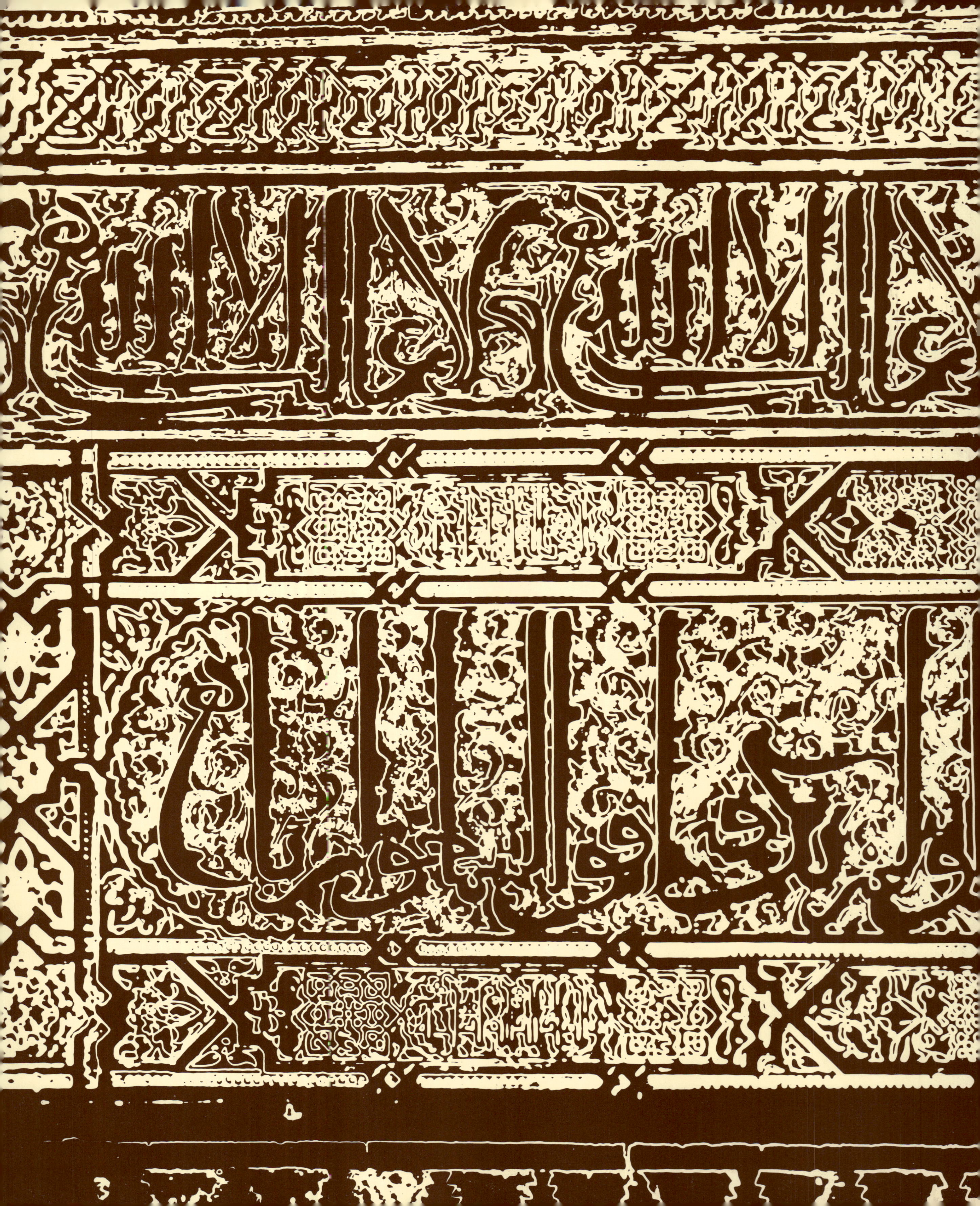